NUMA HORA ASSIM ESCURA

PAULA DIP

NUMA HORA ASSIM ESCURA

A paixão literária de
Caio Fernando Abreu e Hilda Hilst

Rio de Janeiro, 2016

CIP-Brasil. Catalogação na publicação
Sindicato Nacional dos Editores de Livros, RJ

    Dip, Paula
D627n Numa hora assim escura: a paixão literária de Caio Fernando Abreu
e Hilda Hilst / Paula Dip. – 1. ed. – Rio de Janeiro: José Olympio, 2016.
il.

    ISBN 978-85-03-01300-0

    1. Literatura brasileira. I. Título.

16-37247

CDD: 869.98
CDU: 821.134.3(81).6

Copyright © Paula Dip, 2016
Copyright © herdeiros de Caio Fernando Abreu, 2016
Copyright © herdeiro de Hilda Hilst, 2016

Capa: Ana C. Bahia
Projeto gráfico: Carolina Falcão

Este livro foi revisado segundo o novo Acordo Ortográfico da Língua Portuguesa.

Para o caderno de fotos foram utilizados alguns dos fac-símiles das cartas trocadas entre Caio Fernando Abreu e Hilda Hilst. As cartas que Caio escreveu para Hilda são do acervo de Paula Dip e as cartas de Hilda para Caio são do acervo da Fundação Casa de Rui Barbosa. Na transcrição desse material, alguns trechos foram suprimidos para preservar o direito à privacidade de terceiros.

Todos os direitos reservados. Proibida a reprodução, armazenamento ou transmissão de partes deste livro, através de quaisquer meios, sem prévia autorização por escrito.

Reservam-se os direitos desta edição à
EDITORA JOSÉ OLYMPIO LTDA.
Rua Argentina, 171 – 3º andar – São Cristóvão
20921-380 – Rio de Janeiro, RJ
Tel.: (21) 2585-2000

Seja um leitor preferencial Record.
Cadastre-se e receba informações sobre nossos lançamentos e nossas promoções.

ISBN 978-85-03-01300-0

Impresso no Brasil
2016

Isso é escrever. Tirar sangue com as unhas. É de uma solidão assustadora. E não importa a forma, não importa a função social, nem nada, não importa que, a princípio, escrever seja apenas uma espécie de autoexorcismo. Essa expressão é fundamental na minha vida.

CAIO FERNANDO ABREU

A minha solução, a vida inteira, foi sempre escrever.

HILDA HILST

A Caetano Veloso porque ele existe.

CAIO FERNANDO ABREU

Sumário

Prólogo, 9

O escritor encontra sua voz, 13
À sombra da figueira, 21
Amor, infância, sóis e sombras, 37
Deus, a morte e o ato de escrever, 51
Cartas, 61
O trem que já vai passar, 133

Epílogo, 141
Legendas e créditos das aberturas de capítulos, 150
Agradecimentos, 151
Referências bibliográficas, 153

Prólogo

No final de 2010, como num passe de mágica, um pacote de cartas que Caio Fernando Abreu enviou a Hilda Hilst, entre os anos de 1971 e 1990, veio parar em minhas mãos. Missivas autênticas, inéditas, datadas, algumas ainda em envelopes selados, que abri com cuidado, como se deles pudessem saltar aquelas silhuetas coloridas de livros infantis. Escritas à mão em papéis amarelados, devorados por cupins, ou datilografadas em sua Olivetti portátil, que ele chamava de Virginia Woolf, sobre folhas finíssimas, brancas ou coloridas, com colagens, desenhos, segredos: joias raras de um tempo em que as pessoas ainda escreviam cartas. Hoje, elas são como pequenos pássaros em extinção.

A escritora e dramaturga Maria Adelaide Amaral, amiga antiga, diz que "Caio era um *epistolista*, ler suas cartas era como ler o diário dele". De fato: havia dias em que nosso amigo colocava cinco ou seis cartas no correio, para vários cantos do globo, algo impensável hoje, quando remetentes e destinatários ao redor do mundo se encontram instantaneamente, num toque de dedos.

Caio adorava saber tudo sobre a vida de escritores e artistas – Woolf, Rimbaud, Verlaine, Lorca, Bishop –, era leitor atento de livros de correspondência, e sonhava em ter suas cartas publicadas, não fazia disso segredo. Seus textos, mesmo os mais íntimos, se projetavam para o futuro. Ele queria ser lido e amado por tudo o que escreveu. Publiquei a correspondência e as confidências que trocamos no livro *Para sempre teu, Caio F., cartas, conversas, memórias de Caio Fernando Abreu* (Record, 2009), que está em sua quarta edição, e em 2014 virou filme, premiado no Festival Mix Brasil, em São Paulo.

Pouco tempo depois de lançar o livro, fui procurada pelo poeta baiano Antonio Nahud Júnior, que viveu na Casa do Sol nos anos 1990 e conheceu bem Caio e Hilda. Ele possuía o tal lote de cartas e queria vendê-lo. Contou-me que teriam ido parar em suas mãos depois de uma briga:

> [...] Hilda Hilst, dura, abriu a boca sem piedade e Caio partiu de Campinas soltando fogo pelas ventas. A situação era mal resolvida, aparentemente sem cura. Hilda decidiu queimar todas as cartas do (ex) amigo acreditando assim afastá-lo para sempre de sua vida. Dezenas de cartas maravilhosas, confessionais, com contos e poemas inéditos, do final dos anos 1960 até a década de 1990. Implorei que não o fizesse. "Quer para você? São suas. Leve-as daqui e bem rápido, antes que eu me arrependa." "Fico com elas, Hilda, se um dia desejá-las de volta, e só pedir." Nunca o fez. Tenho até hoje essas missivas solitárias, desesperadas, inseguras e delicadas. Caio Fernando Abreu adorava escrever cartas, assinando muitas vezes como Caio F. – era o primo intelectual da Christiane F., drogada e prostituída.

Decidi pagar para ver, comprei as cartas: a encomenda chegou pelo correio em três suaves prestações, maços de seis ou sete cartas em grandes envelopes pardos que abri emocionada e li com o coração disparado. Era como se Caio as tivesse escrito para mim.

Aquele era um cara que eu não conhecia: um guri de 19 anos, meio hippie, indeciso se fazia jornalismo, teatro ou literatura; recém-saído de casa para viver sozinho em São Paulo, trabalhando num projeto de revista, indo morar num sítio em Campinas, trocando ideias e experiências com uma escritora famosa. Era bem diferente do Caio que conheci, aos 30 anos, jornalista conceituado, escritor premiado, finalizando os contos de *Morangos mofados* (Brasiliense, 1982), que seria seu livro de maior sucesso, com mais de uma dezena de edições.

O conteúdo dessas correspondências revelou a grande amizade e o verdadeiro caso de amor literário entre os dois. Uma história incrível se desenrolou em minha mente! Abria-se a possibilidade de revisitar a juventude de Caio, voltar com ele à lendária Casa do Sol de Hilda Hilst, um sonho.

As cartas ardiam em minhas mãos, tão preciosas que considerei estudá-las num curso de mestrado, defender a tese de que os dois autores desenvolveram em sua escrita uma importante afinidade literária a partir dessa convivência, mas venceu o desejo de editar um novo volume das cartas do meu amigo. Dividi-las com seu público, como ele queria.

Decidi reler os livros de Hilda (alguns, o próprio Caio havia me presenteado) e qual não foi minha alegria quando topei com um antigo exemplar da primeira edição de *Tu não te moves de ti* (Cultura, 1980). Na primeira página, preso por um clipe enferrujado, estava um bilhetinho: a dedicatória que ele me mandou em 1980.

Ele encerra o bilhete com a frase "kisses curtumeiros", referindo-se à rua do Curtume, endereço da editora onde nos conhecemos, em São Paulo, na véspera dos anos 1980. Escondido em minha biblioteca por 30 anos, o bilhete, como que um recado do Além, se revelou no momento exato em que comecei a escrever este livro. Foi como se o Caio me dissesse como fez tantas vezes:

"Vai em frente, Paula Deep."

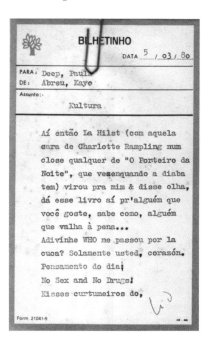

O escritor encontra sua voz

> Chega de me envolver com as pessoas:
> agora só quero escrever, escrever potes. Em paz.
>
> CAIO FERNANDO ABREU[1]

Parecia um sonho: jantares, cafés e licores, conversas ao pé da figueira, discos voadores riscando o céu, astrologia, ciência, filosofia, drama e muita literatura. Tudo podia acontecer naquelas varandas amplas que lembravam o sol se pondo, entre sombras avermelhadas e silhuetas de cães – onde Hilda e seus amigos viviam a reinventar o mundo. As noites na Casa do Sol eram intermináveis. Caio nunca vira nada parecido a esse clima de festa onde tudo era permitido, inclusive o trabalho: um lia, outro escrevia, e todos falavam de sexo, amor e morte com a mesma naturalidade que uma mãe insiste para que o filho coma verduras.

De manhã, Caio ficava preguiçando na cama antes de despertar, mas naquele dia foi diferente. Pulou dos lençóis, lépido, esfregou os olhos, passou as mãos nos cabelos para afastar a ressaca e foi para a frente do espelho, queria ter certeza de que estava mesmo ali. Concentrado, ligou o gravador para registrar o acontecido, disse algumas palavras, rebobinou a fita, clicou no *play* e ouviu: "Muito obrigado, meu Deus." Então, repetiu muitas vezes, testando sua nova tessitura de barítono e se beliscando para ter certeza de que não sonhava.

---

1. *Caio Fernando Abreu: cartas.* Italo Moriconi (org.). Rio de Janeiro: Aeroplano, 2002.

A garantia de que aquela voz profunda e máscula saía mesmo da própria garganta.

Pura verdade: sua voz tinha mudado. Ele não ia mais sentir vergonha daquele tom esganiçado que produzia cada vez que abria a boca para falar, pesadelo que vivia desde a adolescência. Na sala de aula, pedia a um amigo que respondesse a chamada por ele. Na redação da primeira revista em que trabalhou, passava por antipático, não dizia uma palavra.

De repente, não mais que de repente, articulava as cordas vocais num tom grave e sensual que seria sua marca registrada no futuro. Finalmente, ainda que tardio, o menino encontrou sua voz. Um verdadeiro milagre! Ele escreveu aos pais:

Casa do Sol, 29 de outubro de 1969.

Queridos pai e mãe, esta é uma carta só de boas notícias, portanto preparem-se. Em primeiro lugar A MINHA VOZ MELHOROU! Foi uma mudança completa: estou com uma voz muito bonita, grave, forte, perfeitamente normal. Tudo começou quando Hilda e Dante me deram de presente um GRAVADOR (eles são mesmo maravilhosos). Gravei a minha voz vários dias, várias vezes, pensava em fazer exercícios, melhorar aos poucos. Até que ontem à noite, de repente, a voz MUDOU. Fiquei assustadíssimo, achei que fosse uma melhora repentina e que logo ia voltar a ser como antes. Aí fiquei umas duas horas falando no gravador, e a voz continuava ÓTIMA. Hoje de manhã mostrei à Hilda, ela ficou felicíssima. Dante também, foi uma verdadeira festa. É impressionante a mudança, vocês vão ficar tão bobos quanto eu quando ouvirem. Me sinto felicíssimo, isso resolve praticamente todos os meus problemas, posso fazer o que quiser, falar com quem quiser, ninguém vai rir nem achar esquisito. A única explicação que tenho é que se trata de um autêntico milagre. Amanhã vou num otorrinolaringologista aqui de Campinas, para ver se não há problema de forçar demais a garganta, acontecerem coisas péssimas depois. Acho que não. Me sinto perfeitamente à vontade falando assim. Que pena que vocês não possam ouvir, ficariam alegríssimos. Depois, não é só uma voz normal; é principalmente uma voz bonita, charmosa, sei lá. Fiquem contentes comigo. Graças a Deus tudo melhorou. Vou sábado para o Rio. Escrevi para o Francisco dizendo que eu só tinha cem contos, se ele não se importava de me hospedar por um tempo e até mesmo me pagar algumas refeições até eu arrumar onde morar e receber o primeiro ordenado. Ontem recebi um telegrama dele: "Te espero de braços abertos." Assim, decidi ir. Essa voz nova torna tudo mais fácil, me sinto com coragem para enfrentar qualquer coisa... Francisco e o rapaz que mora com ele, Hilton Papini, são pessoas maravilhosas, e vocês não têm absolutamente com que ficarem preocupados. Tenho certeza que tudo vai sair às mil maravilhas. Nunca tive tanta certeza de alguma coisa.

Recebi também uma carta duma amiga minha do Rio, escritora, Nélida Piñon, dizendo que já encaminhou os contos que havia deixado com ela para os suplementos do Rio e para outras revistas que não sei ainda quais são, pois ela não explica na carta. Em breve estarei muito bem de vida, me sentindo feliz e realizado, vocês vão ver. Ainda não soube o resultado daquele concurso que estou participando e que, se vencido, me dará um milhão mais a publicação do livro. Mas tenho certeza de ganhar. Vocês vejam que coisa estranha e mágica: três noites atrás, sentei na varanda e comecei a olhar Lua cheia, que estava muito bonita. Aí, de repente, me deu uma sensação esquisita, senti que eu podia fazer três pedidos e que seria atendido. Aí, pedi primeiro que minha voz melhorasse; segundo, para ir logo para o Rio; e terceiro, para ganhar esse concurso. No dia seguinte, recebi o telegrama do Francisco (o segundo pedido). Ontem a voz melhorou (o primeiro) – portanto agora só falta ser atendido o terceiro. É muito estranho. Mas eu prefiro pensar que essa melhora inexplicável seja uma prova da existência de Deus, e de que ele me protege. Ou de Deus, ou de bons espíritos, não sei. Certas coisas são tão evidentes, apesar de inexplicáveis, que a gente não pode deixar de acreditar. No mais, aqui tudo bem. Amanhã é o aniversário do Dante, e sexta há uma exposição das esculturas dele na casa de uma grã-fina de Campinas, casada com um americano. Esse casal vai oferecer ao Dante uma festa chiquérrima, com uísques estrangeiros, caviar, essas coisas. Estarei lá, com a minha nova voz. No dia posterior, sábado, irei para o Rio. Portanto, vai ser um fim de semana bastante movimentado. Estou me sentindo imensamente feliz. A minha única mágoa é não poder estar perto de vocês todos. Seria maravilhoso se eu pudesse ir até aí no Natal ou no Ano-Novo, quem sabe no Carnaval. Vou fazer o possível, mas tudo depende do emprego que eu arranjar. Hilda está muito bem e manda abraços para todo mundo. Dante também. Escrevam logo.

Toda a minha saudade e o meu amor.

Seu, Caio[2]

A carta em que relata aos pais sua mudança de voz é uma das mais conhecidas, inclusive porque revela o cuidado com que ele registrava os eventos de sua vida, dos milagrosos aos mais corriqueiros. Desde menino ele escrevia tudo o que pensava em seus diários, e enviava suas cartas desejando secretamente dividi-las com seus leitores a cada dia mais numerosos. Como sucumbiu a uma morte anunciada, teve tempo de sugerir aos amigos que tornassem pública a sua correspondência.

---

2. *Caio Fernando Abreu: cartas*. Italo Moriconi (org.). Rio de Janeiro: Aeroplano, 2002.

O escritor e professor de literatura da Universidade Federal do Rio Grande do Sul (UFRGS), Luís Augusto Fischer, acredita na importância dessas cartas e na vocação geracional da obra de Caio Fernando Abreu:

> Nas cartas, Caio é muito engraçado, e se olharmos com a distância adequada, aquilo ali tem a importância dos contos e das crônicas dele. O que eu quero dizer com isso é que aquilo é literatura e tem a mesma força de seus contos e crônicas. A obra dele é um registro daquele momento, daquela geração.[3]

Caio, por sua vez, dizia:

> Penso no escritor como fotógrafo do seu tempo, embora não tenha essa preocupação deliberada com a contemporaneidade do texto. Sinto-me extremamente comprometido com as coisas que a minha geração conheceu. Vivi os anos 1950, o existencialismo, o movimento beatnik. Mas vivi também, graças a Deus, o movimento hippie, profunda e sonhadoramente. Minha literatura tem a marca da contracultura, e está fatalmente definida por essas experiências.

Caio viveu na Casa do Sol durante o ano de 1969, e de lá foi algumas vezes ao Rio, São Paulo e Porto Alegre. E uma das primeiras viagens de Caio desde sua mudança para o sítio de Hilda foi para o Rio de Janeiro, em 1971, ocasião em que conheceu o escritor e dramaturgo Antonio Bivar, de quem era fã. Em 1969, Bivar havia ganho o Molière de melhor autor teatral pela peça *Abre a janela e deixa entrar o ar puro e o sol da manhã*, e em 1970 viajaria para Londres, onde viveria por cerca de um ano. Caio admirava a dramaturgia inovadora dele, com quem tinha em comum a luta contra a repressão, que Bivar descreve em seu livro *Mundo adentro vida afora*:

---

3. Depoimento para o filme *Para sempre teu Caio F.* (2014), de Candé Salles.

Por causa da bandeira hippie a repressão policial da ditadura tentava nos enquadrar, e de vez em quando éramos presos sob o pretexto de "averiguação". Éramos encanados na mesma cela com presos de outras extrações sociais para sermos liberados na manhã seguinte. Tudo era válido. Considerávamos a experiência como aprendizado na escola da vida. No Rio acontecia diferente. Alguns piravam só para frequentar o Pinel. Ainda no Rio muitos buscavam a internação no instituto da dra. Nise da Silveira. "A loucura era o sol que não deixava o juízo apodrecer", frase atribuída a São Francisco de Assis tornada bordão hippie. O espírito franciscano também fazia parte da nova atitude.[4]

Durante as viagens, Caio Fernando registrava em cartas e contos o seu dia a dia; os seus conflitos internos, chamados por ele de "mergulho no mais fundo de mim", que permeavam anseios de toda uma geração. Caio mergulhou na contracultura, lançou desafios e ideias com uma lucidez corajosa que impressiona, até hoje, pela aguda percepção de como seria a nossa vida no futuro. Viveu à frente do seu tempo, como um vidente que tinha consciência do dom:

> Sinto que sou um profeta. Parece que tem um negócio suspenso no ar, algo que se relaciona ao mesmo tempo a Cristo, aos bruxos, aos santos. Dentro de pouco tempo: quem não se tornar bruxo ou santo não vai sobreviver. Estamos entrando numa faixa de espírito. É pena que você viva isolada na fazenda e, naturalmente, fique um pouco distanciada de todo esse processo – se você vivesse num centro maior ia ficar impressionada como as pessoas não suportam mais coisas como máquinas, ruídos, trabalho, filas, horários – todo mundo está procurando se evadir – ou buscar um sentido maior – através das coisas do espírito.[5]

Sim, suas epístolas são como que o testemunho de um profeta do apocalipse, um herói às avessas, um homem que viveu intensamente

---

4. *Mundo adentro vida afora*. Antonio Bivar. Porto Alegre: L&PM, 2014.
5. Carta inédita de Caio para Hilda, publicada neste livro.

os anos de sexo, drogas e rock and roll, morreu vítima da Aids e cuja história já rendeu livros, filmes, peças de teatro, compêndios de cartas, teses e ainda está longe de se esgotar. Parte dessas cartas está no livro *Caio Fernando Abreu: cartas*, de Italo Moriconi (Aeroplano, 2002), e nos três volumes do projeto *Caio 3D* (Agir, 2005). Nas redes sociais, suas palavras e pensamentos continuam a circular, como se fossem pinçados de uma correspondência virtual que continua a fluir, caudalosa. Há várias páginas com citações e textos completos do Caio, das redes sociais e memes aos blogs, mas como acontece com Clarice Lispector, Fernando Pessoa e outros grandes autores, há citações atribuídas erroneamente a ele.

À sombra da figueira

Quero brincar, meus amigos, de ver beleza nas coisas.

HILDA HILST

"Não existem coincidências", Caio repetiu a vida toda. *Maktub*: estava escrito, pressentia, ao trilhar o caminho mágico que guiou os passos do menino gaúcho, de Santiago do Boqueirão, até a fazenda da escritora paulista, nascida em Jaú. Aquela sensação de estar procurando alguma coisa e encontrar outra ainda melhor, que os ingleses chamam de *serendipity*.

Quando se viram pela primeira vez, Hilda estava no auge da beleza, casada com o artista plástico Dante Casarini por insistência da mãe, "que fique bem claro", dizia ela, que preferia nunca ter se casado, pois considerava casamento e filhos um "engodo", uma armadilha para as mulheres desocupadas. Queria ser escritora e nada mais importava. Construiu uma casa de campo em terras de uma fazenda que pertencia à mãe e deixou para trás uma vida de garota rica para tornar-se reclusa e escrever.

Caio era um guri muito tímido, de 18 anos, que tinha abandonado os cursos de Letras e Arte Dramática da Universidade Federal do Rio Grande do Sul (UFRGS) e se atirado ao jornalismo, mais por necessidade do que por vocação. Nunca terminaria a faculdade. Tratou a imprensa com certo enfado até o fim de seus dias; foi repórter, redator, editor, cronista, copidesque, *freelance*, o que fosse. Precisou desse ofício para viver, pagar as contas, mas queria mesmo era ser escritor, e intuía desde menino que escrever era "uma coisa natural, talvez um defeito de fabricação – como a impossibilidade de viver a vida sem inventar em cima dela", não me canso de citar, acho tão lindo.

Depois de conhecer Hilda, virou seu feroz correspondente, escrevendo-lhe cartas toda semana, de onde quer que fosse, e encontrando nela uma interlocutora – ou, no mínimo uma confidente para suas questões literárias. Hilda, às voltas com sua *entourage* e seus muitos amores, raramente respondia às cartas de Caio com igual fervor, o que fica evidente nas missivas dele, sempre se sentindo abandonado e clamando pela atenção dela. No entanto, ele nunca desistiu de ser escritor, e a influência de Hilda foi decisiva para que ele se atirasse às letras.

Nos anos de ferro da ditadura, correu o boato de que ele fora procurado na redação onde trabalhava e supostamente fichado por agentes do Departamento de Ordem Política e Social (DOPS). Estudantes, jornalistas e militantes de esquerda, que participavam de movimentos contra a ditadura, eram os alvos favoritos da repressão. Caio não tinha o hábito de empunhar bandeiras, mas participou de algumas passeatas, no Rio e em São Paulo: "Não cheguei a ser preso. Eu tinha 19 anos. Assinei uns manifestos, fui a comícios e ia a passeatas mais para ver a Norma Bengell vestida naqueles vestidos Paco Rabanne, do que para protestar. Eu era um menino", ironizava.

Um menino que não passava despercebido. Deve ter chamado a atenção dos milicos, como, aliás, fazia sempre: era um homem alto, atraente e foi um dos primeiros a incorporar um estilo entre existencialista e rock and roll, sempre vestido de negro, cabelos compridos, cigarro na mão, numa atitude contestatória que era a cara dos jovens de sua geração, os *baby boomers*, filhotes da contracultura, do movimento hippie, de maio de 1968.

As primeiras visitas de Caio à Casa do Sol, acompanhado do jovem crítico literário Léo Gilson Ribeiro, aconteceram pelas mãos da atriz e jornalista Ana Lúcia Vasconcelos, que frequentava a casa de Hilda, como tantos jovens artistas fariam até a morte dela, em 2004.

Quando foi viver na Casa do Sol, casa de campo que construiu em Campinas, Hilda Hilst causou *frisson*, tinha livros publicados, era uma espécie de celebridade, advogada, formada pela Faculdade de Direito do Largo de São Francisco, da USP, com vários livros publicados e premiados e muito admirada por jovens com talento para arte dramática e literatura. Ana Lúcia era uma delas:

> Conheci Hilda Hilst em 1968 quando fazia teatro em Campinas e acabara de fundar com alguns amigos o grupo de teatro Rotunda. Estávamos montando *Electra* de Sófocles, peça em que fiz o papel título, e com a qual ganhei o prêmio Revelação de atriz, da Associação de Críticos de Artes do Estado de São Paulo (APCA). O pretexto que nos levou à Casa do Sol pela primeira vez foi conhecer a autora da peça *O novo sistema*, a poeta, que começara há pouco a escrever dramaturgia: Hilda Hilst. Àquela altura, não sabia nada dela, não tinha lido nenhum de seus livros, era uma pessoa interessada em literatura e teatro, além de estudiosa de outros temas – filosofia, sociologia, formada em Ciências Políticas e Sociais na PUC-Campinas. Lembro que fiquei totalmente fascinada pelo clima da Casa do Sol e pela figura, o porte, a inteligência, a cultura e o temperamento diferente de todas as pessoas que eu conhecera até então, e que formava este conjunto inédito, sedutor, absurdamente diferente, que compunha esta mulher linda, cheia de classe que era a Hilda. Àquela altura não havia luz elétrica na região e a casa era iluminada com lampiões de querosene (era necessário cerca de 30 lampiões para iluminar a casa toda), o que deixava tudo mais mágico ainda. Aquele misto de luz e sombra caindo nos móveis e objetos lindos, junto às conversas cheias de afetividade, cultura e do mistério, que sempre fora marca registrada da Hilda, dava um toque especialíssimo a tudo. Os visitantes ficavam para sempre seduzidos. Ficamos hiperamigas, amigas do peito, amigas irmãs, como ela dizia, e eu ia quase todos os fins de semana lá. Foi aí que levei o Caio, o Léo Gilson e o Nello Pedra Gandara. E era aquela maravilha, aquelas noites mágicas, porque em torno da Hilda se formava um ambiente mágico. Em Sampa, ela tinha um apartamentozinho que depois vendeu, mas quando eu ia a São Paulo a gente se encontrava, ela foi a minha casa algumas vezes, saímos para o bar do Almeida Salles, que era uma graça, um bar meio que privê, onde só iam escolhidos. Eu não bebo, então você imagina eu lá no meio de pessoas que bebiam – inclusive ela. O interessante é que mesmo a Hilda bebendo bastante, como todos

sabem, havia fases em que me lembro de vê-la sem bebida alguma nas mãos. Agora, cigarros, era *full time* – aliás, naquele tempo, todos fumávamos, certo? Mas digamos que ela fumava muito mais. Não vivia sem um cigarro na mão, o que, aliás, fazia também com grande charme. Ela e o escultor Dante Casarini, com quem estava casada na época e que era também uma pessoa maravilhosa, afetiva, e tinha verdadeira veneração por ela, se tratavam por neném, nenenzinho, e isso era para mim outro charme acrescido a este conjunto todo que me transportava para outro espaço-tempo, termo, aliás, que ela usava muito, apaixonada que era por pesquisas que também me fascinavam – a antimatéria; a vida depois da morte física; a vida em outros planetas; as próprias experiências da Hilda com discos voadores, visões de seres entrando pela porta da casa, suas vivências fora do corpo, tudo misturado com as conversas sobre os contos fantásticos de Borges; a poesia de Jorge de Lima; Fernando Pessoa; entre outros poetas e escritores igualmente fascinantes. E, também, sua própria história que ela contava: a paixão pelo pai, poeta que ficara esquizofrênico, que queria ter com ela "três noites de amor", num certo dia, confundindo-a com a mãe; a relação com a mãe que ela adorava e achava lindíssima; as peças, as novelas e os poemas que ela lia para nós – os amigos que frequentavam a Casa – em primeira mão; os livros que ela amava e que tornavam-se, ato contínuo, também os nossos prediletos (...); as noites na varanda sob aquele céu estrelado; o medo de atravessar o pátio no escuro, depois daquelas conversas sobre tantos mistérios. Experiências as mais variadas, fantásticas, amores e desamores, as paixões dela por homens impossíveis, ou não.

Hilda revelou a Ana Lúcia que sentiu muito cedo a compulsão pela palavra escrita:

> Aos 18 anos comecei a escrever meus primeiros poemas, o primeiro livro chamava *Presságio*. Eu sabia que tinha escolhido esse caminho e achava que um dia ia ser uma grande poeta, uma grande escritora. Eu sabia lá dentro de mim e não tenho pudor de dizer que eu acho meu trabalho muito bom. E desde aquele tempo eu já sabia que era um caminho definitivo para mim. Só que eu queria aproveitar a vida, minha mocidade, o

que eu tinha de bonito. Queria que as emoções passassem todas por mim antes de me dedicar a escrever, com o afinco desesperado como depois me dediquei. E fui então me emocionando demais com tudo, fui amando demais e hoje posso dizer que já tive todas as emoções que desejei ter. Se eu me apaixonava por uma ideia ou por uma pessoa, eu fazia com que essas coisas ficassem perto de mim de qualquer forma. Eu não abdicava nunca do que eu realmente desejava e queria.[6]

Quando se iniciava na poesia, Hilda conheceu o poeta Carlos Drummond de Andrade, que se encantou com ela, e a chamou de "estrela Aldebarã" num poema, sem título, que enviou a ela numa carta de 1952:

> Abro a Folha da Manhã,
> Por entre espécies grã-finas,
> emerge de musselinas
> Hilda, estrela Aldebarã.
>
> Tanto vestido assinado
> cobre e recobre de vez
> sua preclara nudez!
> Me sinto mui perturbado.
>
> Hilda girando em boates,
> Hilda fazendo chacrinha,
> Hilda dos outros, não minha...
> (Coração que tanto bates!)
>
> Mas chega o Natal e chama
> à ordem Hilda: não vês
> que nesses teus giroflês
> esqueces quem tanto te ama?

---

6. Entrevista com a jornalista Ana Lúcia Vasconcelos para a revista eletrônica *Vita Breve*. Disponível em: <http://vitabreve.com/artigo/155/ana-lucia-vasconcelos-fala-sobre-o-caio-fernando-abreu-/>.

Então Hilda, que é sab(ilda)
usa sua arma secreta:
um beijo em Morse ao poeta.
Mas não me tapeias, Hilda.

Esclareçamos o assunto:
Nada de beijo postal
No Distrito Federal,
o beijo é na boca – e junto.[7]

Hilda teve pai poeta, mãe de vida livre, foi menina estudiosa e inteligente. Lia muito e não disfarçava sua vocação edipiana: "Meu pai foi a razão de eu ter me tornado escritora", dizia.[8] Adorava o pai, Apolônio de Almeida Prado Hilst, e escrevia com o intuito de continuar a obra dele, interrompida pela loucura:

> Meu pai ficou na minha memória como uma figura de muita realeza porque conservei a imagem que minha mãe fazia dele. Ela sempre foi apaixonada por ele. A figura do louco eu apaguei. Ele era um homem de grande inteligência que fazia perguntas perigosas: "como será a alma na loucura?" Ele deve ter tido a resposta.[9]

Já a mãe angustiava-se com o fato de Hilda querer ser poeta: temia que ficasse como o pai. Ela dizia: "As pessoas não compreendem os poetas." Com o tempo, a própria Hilda descobre que, de fato, as pessoas não compreendem os poetas. Especialmente se o poeta for mulher, dizia.

---

7. Poema de Carlos Drummond de Andrade dedicado a Hilda Hilst. Escrito em 1952 juntamente com uma carta e reencontrado quatro décadas depois, entre seus guardados, foi publicado pela primeira vez na *Folha de S.Paulo*, em 6 de abril de 1991, por Alcino Leite Neto.
8. *Caderno de Literatura Brasileira: Hilda Hilst*. Instituto Moreira Salles, outubro de 1999, número 8.
9. Entrevista com a jornalista Ana Lúcia Vasconcelos para a revista eletrônica *Vita Breve*.

> Existe um grande preconceito contra a mulher escritora. Você não pode ser boa demais, não pode ter uma excelência muito grande. Se você tem essa excelência e ainda por cima é mulher, eles detestam e te cortam. Você tem de ser mediano e, se for mulher, só faltam te cuspir na cara.

Mas a menina queria que o pai se orgulhasse dela e seguiu adiante na carreira de escritora. Procurou em todos os homens um diálogo afetivo ou literário que lhe desse algum consolo, amenizasse a falta que sentia dele. Encantou-se com Drummond, pediu para ser sua amiga. Ele lhe respondeu:

> Hilda, grande figura,
> Conte, conte coisas que às vezes atrapalham V., se acha que com isso elas se desatrapalharão um pouco. Eu farei o mesmo. Conversaremos muito, e chegaremos a grandes conclusões sobre a vida, que, segundo os últimos autores, não é bem aquela coisa ruim que a gente pensava que fosse – e sim um negócio meio chato, com alguns clarões matutinos: por exemplo, V. e suas cartas. Se bem que, falando sério, não acredito muito na viabilidade do seu projeto de sermos "muito amigos e muito honestos um para o outro", assim por meio de cartas, e na base de um conhecimento meteórico de uma noite em casa de amigos e de uma conversa de bar. Sinto-me muito literário diante de V., muito defendido pelas minhas barbas brancas (que não aparecem, mas que V. por certo enxerga em mim), e V. por sua vez muito dona de si na sua beleza, na sua mocidade, na sua *aisance* de jovem, que sabe dos seus poderes em face dos homens, ainda por cima inteligente e ainda por cima poetisa. Não, Hilda, por enquanto o que nós somos um para o outro é obscuro e difícil de explicar, mas desconfio que V. seja ou esteja simplesmente curiosa – afinal, um velho poeta modernista, como é que será por dentro?[10]

---

10. Carta de Carlos Drummond de Andrade a Hilda Hilst. Escrita em 1952 juntamente com um poema dedicado à escritora e reencontrada quatro décadas depois, entre seus

A mãe de Hilda, Bedecilda Vaz Cardoso, portuguesa, chegou ao Brasil grávida e sem marido: feminista *avant la lettre* teve sozinha o primeiro filho, Ruy Vaz Cardoso, e pouco tempo depois estava vivendo com Apolônio, paulista de Jaú, filho de fazendeiros tradicionais. A mãe dele, Maria do Carmo de Almeida Prado Hilst, conservadora, desaprovou a união. Nunca se casaram no papel, mas tiveram uma filha, Hilda, que nasceu linda e loura, e tudo teria sido pura alegria se ele, três anos depois, não fosse internado num hospital psiquiátrico. Diagnóstico: esquizofrenia. Apolônio nunca mais deixou o sanatório. E Hilda nunca quis ter filhos, com medo da loucura que julgava ser parte de seu DNA. Não gostava de crianças, talvez por isso.

Quando os pais se separaram, foi mandada para um colégio interno, o Santa Marcelina, em São Paulo. Lá, sentia muita falta da mãe. "Minha mãe tinha uma paixão muito grande por mim. Eu fiquei interna no colégio porque meu pai ficou doente, minha mãe separou-se e foi morar em Santos. Foi um momento difícil porque eu tinha verdadeira idolatria por ela."[11]

A vivência no Colégio Santa Marcelina foi traumática e logo aparece em sua poesia:

> Não há silêncio bastante
> Para o meu silêncio.
> Nas prisões e nos conventos
> Nas igrejas e na noite
> Não há silêncio bastante
> Para o meu silêncio.
> Os amantes no quarto.
> Os ratos no muro.
> A menina

---

guardados, foi publicada pela primeira vez na *Folha de S.Paulo*, em 6 de abril de 1991, por Alcino Leite Neto.
11. *Fico besta quando me entendem – entrevistas com Hilda Hist*. Cristiano Diniz (org.). São Paulo: Biblioteca Azul, 2013.

Nos longos corredores do colégio.
Todos os cães perdidos
Pelos quais tenho sofrido
Quero que saibam:
O meu silêncio é maior
Que toda solidão
E que todo silêncio.[12]

A solidão, o silêncio do claustro (o que ela chamaria de ninho-masmorra em Qadós, 1980), aparece subjacente em toda sua obra. E quem conhece a casa de Hilda Hilst sabe que ela é como um mosteiro, sóbria, com pátio interno, arcos e corredores sombrios.

Advogada, escritora, desinibida, numa época em que eram raras as mulheres assim, Hilda namorou de banqueiros a astros de Hollywood, despertou paixões em empresários, jornalistas, artistas, poetas, entre eles Carlos Drummond de Andrade e Vinicius de Moraes.

Treinada na alta-roda paulistana, tinha um talento inato para *femme fatale*. Ao conhecer um homem que a interessava, dizia candidamente que queria passar uma noite com ele. Namorou o ator norte-americano Dean Martin e tentou seduzir Marlon Brando batendo à sua porta num hotel em Cannes, mas dizia a todos que o encontrou com outro homem. Circulou durante um ano por Monte Carlo, Roma, Paris, Nova York. Conviveu com celebridades como Melina Mercouri, Maria Callas, Howard Hughes, usava roupas de alta costura, de Dener, Valentino, Chanel, joias de Bulgari e Van Cleef. Uma verdadeira locomotiva, como se dizia então.

Mudou de vida quando conheceu o trabalho do poeta grego Nikos Kazantzákis, autor do romance *Zorba, o grego*, que defendia o isolamento completo do artista para se dedicar à sua obra. A mudança se deu a partir da leitura de *Relatório ao Greco*, o último livro que o poeta escreveu depois de ter diante do espelho uma visão de sua face desfigurada,

---

12. *Roteiro do silêncio*. São Paulo: Editora Anhambi, 1959.

cheia de pústulas, e se refugiar no Monte Athos, templo de monges ortodoxos, onde descobriu que apenas o silêncio do recolhimento conduz à iluminação. "Solidão é viver muito mais para as coisas de dentro, do que para as coisas de fora", dizia Nikos, ideia que sempre fascinou Hilda. Seus escritos mencionam com frequência "o de dentro e o de fora" e prezam a necessidade da solidão indispensável à escrita.

O físico Mário Schenberg, grande amigo de Hilda, dizia que ela foi viver em sua "torre de capim", numa ironia à torre de marfim das princesas e dos intelectuais. Nos anos 1960, uma moça que decide viver sozinha, longe das luzes e do conforto da cidade para se dedicar à literatura, era considerada ousada, para dizer o mínimo. Ela relatou sua conversão em entrevista a Ana Lúcia:

> Quando jovem, eu tinha uma vida muito tumultuada, turbulenta. Gostava de me apaixonar muitas vezes, e, de fato, me apaixonei muitíssimas vezes. Gostava de viajar, essas coisas que todo mundo gosta. Mas, aí, a vida foi ficando tão emotiva o tempo todo; aconteciam tantos dramas pessoais! Porque eu me apaixonava muito, mas, logo depois, me desapaixonava. Era uma coisa estranha. Às vezes a pessoa me via e dizia: "Eu encontrei a mulher da minha vida." E eu repetia todas essas coisas que nós dizemos todos: "Eu te amo, meu bem." É para sempre? Para sempre. É até a morte? É até a morte. Mas então acontecia uma coisa química em mim. Eu ia, automaticamente, ficando tristinha. São Francisco diz que o corpo é o nosso irmão burro. Ele deseja uma coisa e, depois, deseja outra. Não era algo que fazia para ofender a pessoa; era algo impossível mesmo de retomar. Por causa dessa inconstância minha, as coisas iam ficando muito dramáticas: várias pessoas quiseram me matar, foi horrível.
>
> Quando eu estava com 33 anos, um querido amigo, Carlos Maria de Araújo, poeta português, já morto, me deu um livro de [Nikos] Kazantzákis: *Relatório ao Greco*. Eu o li e fiquei deslumbrada. Era um homem que ficava lutando a vida toda até terminar de uma maneira maravilhosa, escrevendo um poema de 33 mil versos, *A nova odisseia*, em que lutava com a carne e com o espírito o tempo todo. Ele desejava, ao mesmo

tempo, esse trânsito daqui pra lá. Era o que eu queria: o trânsito com o divino. E também o trânsito com o homem e todas as maravilhas da vida, o gozo físico, a beleza física do outro. Era um consumismo meu, absolutamente terrível, porque ofendia muito as pessoas. Eu me impressionei tanto com a caminhada desse homem admirável, que resolvi ir morar num sítio. Achei que, longe da boemia e, de certa forma, me escondendo também, porque eu era uma mulher muito interessante, durante um tempo bem longo, eu pudesse trabalhar e escrever. E foi maravilhoso. Foi justamente nesse lugar, nesse sítio, que eu, longe de todas aquelas invasões e das minhas próprias vontades e da minha gula diante da vida, pude escrever o que escrevi. Acho que é verdade que qualquer pessoa que deseje realmente fazer um bom trabalho tem que ficar isolada, tem que tomar um distanciamento. É mais ou menos uma vocação. Você sente que aquele momento é o momento e que não há tempo a perder. Às vezes, as pessoas dizem: "Eu vou escrever quando estiver mais velhinha. Ou quando eu estiver pior. Aí eu começo." Mas acontece que não dá tempo. Então, aos 33 anos, fui para esse sítio onde moro até hoje, e me entreguei a um novo trabalho.[13]

Hilda já vivia na Casa do Sol quando Ana Lúcia Vasconcelos e Caio Fernando Abreu se conheceram na redação da futura revista *Veja*:

> Eu e Caio nos conhecemos em 1968 no curso de jornalismo da *Veja* em que concorreram 2000 jovens do Brasil inteiro. Eu, de Campinas, ele, de Porto Alegre, acabamos ficando entre os 100 selecionados para formar a primeira equipe de redação. Eu fazia teatro, era recém-formada em Sociologia e Política pela PUC de Campinas. No começo da *Veja*, ele trabalhava no setor de cartas do leitor, e nos primeiros números ele inventava as cartas, divertidíssimas, já que a revista estava sendo testada e era distribuída entre formadores de opinião. Ele tinha um jeito único de colocar o papel na máquina de escrever, fazia tudo com calma e

---

13. Entrevista com a jornalista Ana Lúcia Vasconcelos para a revista eletrônica *Vita Breve*.

delicadeza, mas datilografava muito rápido e, entre uma reportagem e outra, escrevia poemas e contos. Sabia tudo de literatura, lia muito, amava o teatro, era cultíssimo desde muito novo. Apelidamos a Abril de campo de concentração, a gente era meio prisioneiro lá. Entre sair de casa e voltar, eram doze horas corridas de trabalho, a gente ia para casa tomar banho, sair para jantar, ir ao teatro, cinema, dormir, acordar e voltar. Mas aos 20 anos a gente virava a noite numa boa. Ficamos amigos numa palestra do Léo Gilson Ribeiro sobre crítica literária em que fiz um comentário sobre a escritora Hilda Hilst, dizendo que era minha amiga. No fim da palestra, os dois vieram falar comigo e quiseram conhecê-la. Nas primeiras vezes, Caio ficava comigo na casa dos meus pais, ficamos bem próximos e fizemos nossa primeira reportagem juntos, uma entrevista com o dono da Transbrasil, o comandante Omar Fontana.

O Caio foi um grande escritor. Era inteligente, sensível e sofria horrores, talvez, por excesso de sensibilidade e da incompreensão da família. Ele era discreto, mas me parecia que não se dava muito bem com o pai. Talvez fosse o lance da homossexualidade. Uma vez, quando voltei a fazer teatro, eu o encontrei em Porto Alegre – eu fazia uma turnê da *Medeia*, com Cleyde Yáconis no papel-título –, ele tinha voltado para casa, como fazia sempre, e isso está registrado na sua obra. Depois ele foi para a Europa, em 1973, quando voltou me contou que era macrobiótico. Fiquei impressionada porque eu também tinha feito essa mesma opção. Caio era muito ciumento de seus amigos. Um dia ele ficou com ciúmes de mim porque fui paquerada por alguém, depois de uma festa da *Veja*. Mas nunca tivemos nada, mesmo porque ele parecia ter preferência por homens, mas um dia o Dante lembrou que Caio teve caso com a atriz Ariclê Perez e que os dois foram perdidamente apaixonados.[14]

Uma das primeiras visitas de Caio à Casa do Sol foi clicada por Hilda ou Dante; máquinas fotográficas eram raras na ocasião, mas a imagem do garoto de cabelos longos, descalço, de jeans e camiseta, recostado no portão de ferro, tendo atrás um jardim irresistível. Um portão

---

14. Entrevista com a jornalista Ana Lúcia Vasconcelos para a revista eletrônica *Vita Breve*.

Rio, 11 de maio, 71.

Hildinha querida, estava para te escrever desde que cheguei aqui - mas houve uma série de coisinhas e não deu jeito. Olha, ainda não consegui entregar as cartas e as peças para o Rangel e o Maciel. Telefonei várias vezes para o Pasquim, mas êles nunca estão, ou estão ocupados, mil tramas, bossa potentados do Oriente Médio. Daí consegui o telefo[ne]
liguei para êle, foi simpaticíssimo, disse que que[r]
e tal, que eu aparecesse mas telefonasse antes de
Telefonei outras vezes e êle não estava. Devo fala[r]
semana, logo mando dizer no que deu a trans.

Sabe, aconteceu um barato bem esquisitíssimo. Não se[i]
aquela minha amarração no Bivar, inclusive a carta
Pois aquela estória até hoje eu mesmo não sei expl[icar]
Bem sábado eu fui ao cinema à tarde (Satyricon)
de repente entrei numa de erotismo, sei lá, porquê,
de fazer amor. E você sabe como eu sou contrariad[o]
não deu pé nenhum contrôle, nenhum comedimento. Te[...]
Gilb[...]
e fo[...]
esta[...]
aque[...]
entr[...]
para[...]
com [...]
ótim[...]
mora[...]
ches[...]
Carl[...]
seia[...]
cole[...]
que [...]

extra-terrestres e tal, está numa de santidade). Bom, chegamos, trepamos e
estávamos quase dormindo quando abriram a porta do quarto: era o Bivar. Foi
um choque. De cara eu não sabia que êle era o próprio, mas me transmitiu
uma sensação impressionante de paz, de conhecimento, entende, não sei
explicar direito: é aquilo de quando a coisa bate dentro, forte. Depois
ficamos na sala conversando, eu não disse quase nada, me limitei a
observar. De repente me deu sono e eu me levantei para dormir, dei boa-noite
e saí, então ouvi quando êle (Bivar) disse nitidamente: "Êle é bonito,
não?" - referindo-se a mim. Deitei e não consegui dormir nem fazer nada. Aí
me lembrei do teu livro na minha bolsa, levantei e dei o livro a êle. Foi
esquisitíssimo - houve uma ligação muito forte - e o estranho é que desde
sexta eu sabia que a coisa não tinha acabado
ainda. Sei lá, vamos ver no que dá. O signo
[...]
[...]ento, precisamos entregar o outro até o di[a]
[...]vira, fica entre a praia de Flamengo e o
[...], imensa, com duas salas, quatro quartos e
[...] a linha e ainda uma espécie de atelier no
[...]el. Estamos sujeitando tudo, acho que vão
[...] vai haver problema porque quero pegar um
[...]tecidinho, mil ozenio-coisas, sabe como é que
[...] foi tocado por uma coisa que desconheço
[...]pouco tempo vai ser muito bom, tenho uma
[...]cas estão santas, é incrível. Você precisava
[...]to de ocultismo (ocultismo sério) na Europa:
[...]cnologia, o lado claro e o lado escuro da
[...]o suspenso no ar, algo que se relaciona ao
[...], aos santos. Dentro de pouco tempo quem
[...] não vai sobreviver. Estamos entrando numa faix[a]
[...]riva isolada na fazenda e, naturalmente, fique
[...] processo - se você vivesse num centro

maior is ficar impressionado em como as pessoas não suportam mais coisas
como máquinas, ruídos, trabalho, filas, horários - todo mundo está
procurando se evadir - ou buscar um sentido maior - através das coisas do
espírito. É bom a gente constatar isso (dizem que o Brasil é a terra
prometida - e isso não tem nada a ver com o atual governo, situação política
ou/e social, etc.). Tem qualquer coisa no ar, Hildinha. Ando conversando
muito com o Francisco sôbre essas coisas, e mesmo êle, materialista do
jeito que é, sente a mesma coisa: tem a estranha pairando. Sinto que as
fogueiras de inquisição estão voltando, formam-se pequenos grupos místicos,
a penetração e assimilação da cultura oriental é impressionante. Eu já
sabia de tudo isso - um pouco por intuição, outro por informação - mas na
conversa que tive com o Bivar ontem fiquei impressionado. É tudo aquilo que
nós falávamos antigamente, lembra? à volta ao Cristo, à mente, a pura
sensibilidade. Estou calmo, perfeitamente calmo, equilibrado - mas com uma
crença, uma Fé loucas - não sei se dá pra você entender: as portas tôdas da
percepção, do amor, da tolerância - tôdas se abriram. Foi ótimo para mim
ter ido à fazenda, voltei mais dentro, mais definido. Inclusive na viagem de
volta pensei muito sôbre tudo e conclui que o nosso relacionamento se
enriqueceu, porque perdeu um certo clima negativo, de solicitação e
ansiedade (da minha parte). Hildinha, é difícil para mim dizer isso e talvez
seja difícil para você compreender, sei lá, a gente tem pudores, parece uma
coisa pretensiosa, mas é o seguinte: eu sinto que fui tocado, escolhido, que
sou um profeta, que tenha uma missão, entende? Sinto a marca da escolha
pesando em mim (aquele conto chamado "Iniciação" diz tudo isso). Está
havendo um movimento de contra-cultura muito sério: Caetano, Bivar, Maciel
são os papas. Você precisava ouvir mais Caetano, saber mais dêle e dos
outros - é uma loucura a lucidez e a abertura espiritual que os três têm. É
um fenômeno pós-hippie, um negócio que poderia ser assim como o
existencialismo nos áureos tempos - mas é muito mais denso, muito mais
sério. Eu sempre achei filosofias muito abstratas, agora eu VIVO COTIDIANA-
MENTE segundo uma filosofia, uma maneira lúcida e transcendental de encarar
o próprio dia-a-dia. Sei lá, olha, é demais difícil te explicar tudo isso,

também o nosso encontro foi tão rápido que não deu margem a que
aprofundássemos êsse papo todo. Mas é muito sério, Hildinha. Anota isso:
eu vou explodir dentro de pouco tempo, estou sentindo que vai acontecer uma
coisa muito ampla e maravilhosa, em têrmos de profundidade, de amor, de
expansão - ai, como é difícil explicar. Mas quando acontecer você vai
lembrar que eu já sabia. E tem mais: isso vai acontecer também com você e
com outras pessoas, ainda não sei bem como. Mas sei.

Olha, distribuí alguns dos teus livros de poesia entre pessoas que interessa
uns amigos meus muito bons aqui da Manchete: todos amaram. Carlos Augusto,
um rapaz muito inteligente e tal, disse que era espantoso que existisse no
Brasil um poeta da dimensão de Pessoa ou T.S. Elliot, e ninguém soubesse,
ninguém desse a mínima. Outro dia, relendo o livro, eu tive uma comoção
profunda ao reencontrar as "Heróicas", meu Deus, é todo um roteiro de
existir, tem um trecho impressionante, não sei ao certo, é mais ou menos
assim "é sempre na clausura que a vida silencia e recomeça", e um outro
sôbre a palavra - não me lembro se nas "Heróicas" ou nas "Bucólicas" -
"e a palavra se tentar existir, seja singela" - e depois, uma referência

me daria o endereço dêles. Porque não quero chegar lá assim como um
desconhecido, correndo o risco de ser confundido com um bicão ou um dêsses
chatos que se aproximam de gente famosa para aparecer, compreende?

Ah: uma noticelha boa - a Expressão e Cultura vai promover lançamentos do
"Limite" em várias cidades do Brasil, me pagando passagem e estadia. Acho
que terei mesmo que largar o jornalismo, devido ao tempo, e sobreviver com
free-lancers e bicos daqui e dali.

Bom, é só. Olha, dá um grande abraço no Dante, outro no Zé (sôbre o Zé:
fiquei impressionadíssimo com os contos dêle - é sem dúvida um escritor,
você sente tôda aquela carga de emoção e sofrimento nos contos dêle, a coisa
macerada, curtida, vomitada, sangrada - então não tem a menor importância
ter sofrido muita influência sua - porque quando êle se libertar dela vai
ter um estilo muito pessoal, tendo assimilado as coisas ótimas da tua
literatura - enfim, acho que êle é - ou será - um ÓTIMO escritor - sem nada
a ver com êsses caretas que andam publicando coiselhos por aí - sem falsas
modéstias - um escritor à tua e à minha altura - não tive tempo de te falar
essas coisas tôdas antes de vir - mas é incrível o talento dêle - aquele
conto do Estadão é belíssimo). Me escreve para o endereço de Francisco,
senão a carta vai se perder. Desejo que tudo aí na fazenda melhore e fique
lindo e bom e claro. Faça vibrações por mim, faço sempre por vocês. Muito
amor do seu,

Caio

PS. Assisti ao "Não se mata cavalos?"
- sai impressionadíssimo. É terrível.
Nunca tinha visto uma crítica tão
evidente à sociedade. Nem mesmo
no "Easy Rider". Talvez no "If", mas
bem + otimista. Com "Não se mata
cavalos" é o negro - as portas fechadas,
o bêco sem saída. Jane Fonda é
uma grande atriz e um ser humano
fantástico.

17 de maio – segunda-feira:

Hildinha, vê se pode, depois de te escrever essa outra carta que vai junto, entrei numa estranha, de profunda depressão, desencanto, aquelas coisas que você bem conhece, não-adianta-nada-escrever-num-país-de-analfabetos, estou-me-corrompendo-humanamente, não-tenho-condições-financeiras-para-fazer-o-que gosto – essas coisas. Resultado: pane mental. Tive uma vontade de morrer tão grande que fiquei um dia inteiro sem conseguir me mexer, nem o pensamento funcionando. O vazio. Aí, pra reagir, tentei pensar em você, na missão, tudo aquilo. A reação não vinha. Como eu estava sòzinho mesmo e se eu próprio não reagisse, já era, tomei a iniciativa de ir à Pinel. Fui. Bati um papo com um psiquiatra como todos os outros psiquiatras, só que ainda mais corrupto, ofereceu-se para me conseguir drogas (vê se pode): fiquei profundamente desencantado. Aí aconteceu uma coisa mágica. Abri sem vontade um livro qualquer que havia em cima da mesa e lá estava A mensagem: T.S.Eliot. Isso:

Detém-te no mais alto patamar da escadaria –
apóia-te numa urna de jardim –
tece, tece os raios de sol em teus cabelos –
aperta as flôres contra ti com uma surprêsa angustiosa –
atira-as ao chão e volta-te
com um fugidio ressentimento nos olhos:
mas tece, tece os raios de sol em teus cabelos.

Era todo aquêle conto meu que você leu – "O Dia de Ontem" – todo sôbre a necessidade de tecer belezas, mesmo mínimas, para sobreviver: matéria de sobrevivência. Sobrevivi. Foi horrível. Três dias vendo cára a cára a dureza de tudo. Ontem, resolvi, voluntàriamente reagir. Telefonei ao Bivar, vamos sair hoje. Fui ao Francisco, depois fomos ao Maciel, levei tuas peças: êle vai ler e tal, a longo prazo, não sei, não, fiquei meio decepcionado com êle confesso: parece estar mais numa de amargura política, de ressentimento e cinismo intelectual do que propriamente magia - ao contrário do Bivar, que é inteiro mágico. Mas, de qualquer maneira, é agradávelzelho, simpaticíssimo e tal, vou voltar lá.

Olha, quanto a mim, estou muito amargurado com muitas coisas, mas tentando preservar a chama (que às vêzes penso nem existir). Me compreende. Não te preocupa. Estou absolutamente sòzinho, e você sabe que isso independe de pessoas à nossa volta. Mas aceito. E vou continuar tecendo. Talvez não valha à pena. O mais coerente seria acabar com tudo. Mas não sou coerente. E das duas, uma: ou eu mato a idéia de morte no cansaço, ou ela me mata no cansaço. Se eu ainda achasse que as pessoas podem se ajudar umas às outras, te pediria uma carta bem delirante, bem cheia de vitalidade. Não peço porque sei que talvez - quase certo - você também não pode. Nem ninguém. Mas também entende e aceito. Vou fazer-coisas, acho que é uma saída. A semana que vem devo ir à Curitiba fazer uma reportagem sôbre indústria do papel, mudar de ares. Tenho me dilacerado muito. Mas a pena que sinto não é de mim mesmo, é de todos os sensíveis o suficiente para estarem na mesma: acuados por essa coisa medonha que chamam, até mui simpàticamente, de sociedade-de-consumo. É um nome até muito doce para o horror negro da coisa.

Preciso de alegrias e luz, Hildinha. É muito difícil. Teço. Pode confiar em mim. Por favor, confia em mim, na minha vontade de viver, ainda que eu não seja mais importante para ti. É preciso que uma pessoa como você queira que eu viva. Faça vibrações por mim. De vez em quando a minha precariedade humana, a minha pobreza vem à tona. Estou perto de você. Teu,

Rio, 31 de agôsto, 71.

Hildinha querida, desde a tua última carta te escrevi umas três em resposta, e não mandei. Estavam demais negras, demais deprimentes. Agora estou um pouco melhor, mas passei três meses verdadeiramente monstruosos. Aluguei um quarto e fui morar sòzinho: não consegui aguentar a solidão. Foi terrível, na base assim de passar dois ou três dias sem dar uma palavra com ninguém. Pensei muito, li muito, não escrevi nada e conclui o que qualquer pessoa com um mínimo de inteligência já deve ter concluído, o óbvio: a situação é insustentável. Está todo mundo no maior desengano, não sei se aí na fazenda, isolada, você está sabendo do desbunde generalizado. Um desengano total. As pessoas estão amarguradas, sòzinhas, desorientadas, desanimadas. Não se pode dizer mais nada. Não se pode fazer mais nada.

Sexta passada, depois de muito tempo, saí, fui ao lançamento do livro de um idiotice que foi publicar aquêles dois livros para me dar um desânimo total. O que que a gente faz, hein, Hildinha? Quando você descobre que qualquer coisa que você fizer não modificará o curso das coisas, que as pessoas continuarão burras e que tudo se sucederá como tem se sucedido até agora, você envelhecendo, sem matar nenhuma sêde, até morrer - o que que se faz quando se descobre que nada adianta nada? Já estive pior. De cuca fundida, batendo as portas da Pinel e tentando o suicídio (no apartamento do Bivar tentaram nos matar, uns traficantes, nos torturaram durante umas três horas). Foi horrível. De tudo isso restou uma dura xxxxxxxx lucidez, um ceticismo inabalável. Tenho chorado muito. Como na letra de "London, London", dou voltas e voltas e não tenho aonde ir. Quando penso em mim, em como eu era há uns dois anos atrás, sinto uma saudade enorme: nossa, como eu acreditava, como eu tinha sangue nas veias. Tudo isso passou.

Se eu tivesse dinheiro ia para fora do país. É uma esperança que se tem: de que essa anemia geral seja só aqui dentro. Mas sou obrigado a ficar. Agora uma sociedade oriental está conclamando todo mundo para a entrada da Era de Aquário, dia 3 de setembro. Pode ser, não é? Tenho estudado um pouco de Astrologia, tenho me voltado cada vez mais para o oculto - mas as pessoas gargalham quando eu falo nisso.

Espero que você esteja bem, assim como Dante e Zé. Pelo menos escrevendo. Releio sempre o "Fluxo-Floema" e gosto cada vez mais, principalmente do "Lázaro", é uma das coisas mais bonitas que já li. Gostaria muito de rever você, mas com o que ganho não posso me permitir uma viagem.

Fico muito triste quando penso nisso tudo. Dia 12 faço 23 anos, e parece que tudo já está perdido. Não consigo pensar em termos de futuro: parece que o futuro é êsse de hoje, tudo se dissolvendo cada vez mais, em direção não se sabe a quê.

Um beijo,

Pôrto Alegre, 23 de dezembro de 71.

Hildinha querida, te escrevi várias cartas desde que estou aqui em PA, mas não cheguei a mandar nenhuma delas. Acontece que é muito difícil te dar uma idéia, mesmo superficial, de tudo que tenho passado. E sem falar de diversas coisas, você não compreenderia porque estou como estou.

Há cerca de dois meses fui demitido da Manchete: a polícia bateu no ap. onde eu morava com outras pessoas, encontrou um pacote de maconha e prendeu a todos nós. Acho que você sabe que prisão por porte de drogas é considerada crime de segurança nacional, tão grave quanto subversão ou coisa assim. Para evitar uma complicação maior, me vi forçado a dizer que trabalhava na Bloch: os diretores da empresa se envolveram, com medo do escândalo e, enfim, fui solto e demitido. A estória toda é muito complicada, inclusive o flagrante de maconha foi <u>forjado</u> pela polícia, pois não tínhamos droga nenhuma em casa. Tudo muito injusto, muito triste e humilhante. Me vi de repente mais sòzinho do que nunca numa cidade estranha, com medo e quase sem dinheiro, com a moral lá embaixo. Aí voltei para casa. Naturalmente que não contei a meus pais o verdadeiro motivo da minha volta - conhecendo-os como eu os conheço, sei muito bem que não compreenderiam.

Estou muito mal, Hildinha. Desde que cheguei, aí pouquíssimas vezes, a maioria delas para visitar uma comunidade onde moravam uns amigos meus, e onde encontrei, há umas três semanas, alguns rapazes que me deram notícias de vocês (Geraldo e Moacir). Combinei de ir até a fazenda com eles, mas no dia seguinte minha mãe foi me buscar de automóvel, furiosa. Um negócio horrível, eu a via feito uma viagem com ácido no dia anterior e estava muito perturbado. A situação em casa ficou insustentável: meus pais se revelaram ainda mais intolerantes e desinformados que a média normal dos pais, por aí você imagina. Na opinião deles sou uma pessoa extremamente má, decidida a "matá-los de desgosto": pràticamente me trancafiaram em casa, me proibindo de sair ou encontrar com meus amigos - "putas e vagabundos", na opinião deles. Você deve estar se perguntando porque não rompo de vez com tudo isso, porque não parto para uma vida só minha. Bem, no momento não tenho condições, nem financeiras nem psíquicas. As coisas todas deram errado no Rio, dum jeito impressionantemente violento - tudo em que eu acreditava e, pior ainda, tudo que eu <u>era</u>, se desfez aos poucos, até me reduzir ao atual estado: um zero à esquerda. Quase não falo, o dia inteiro: não há o que dizer a pessoas que vivem noutro planeta, mesmo que se goste - delas. Também não tenho escrito, há uns 6 meses, chego a pensar que não conseguirei mais, que tudo passou, mas quando leio - ou releio, principalmente - certas coisas, me volta a certeza que não me encontrarei a não ser na criação literária. Redescobri um autor a quem eu não tinha dado muita importância: Scott Fitzgerald - e o que eu gostaria de fazer agora seria um romance assim como "Belos e Malditos", transposto para a nossa época.

Você não imagina como eu gostaria de sentar a seu lado e conversar longamente sobre todas essas coisas. Acho que você não sabe a importância que você tem para mim, e como me dói sentir a saudade que sinto e pensar, às vezes, que a minha vida está perdida e que nunca mais nos encontraremos. Soube pelo Moacir que você esteve bastante doente, fiquei preocupado, você não mandou me dizer nada. Também, você nunca escreve, a não ser para responder às minhas cartas, cada vez mais enfossantes, não? Espero que a situação aí na fazenda tenha melhorado, que vocês todos estejam bem e - principalmente - que você esteja escrevendo. Haja o que houver, Hildinha, você não pode castrar a sua criatividade. Quem chegou onde você chegou não pode parar: você TEM que escrever coisas cada vez melhores, cada vez maiores, sempre, infelizmente, cagando montes para a crítica e o público. Agora, que já publiquei e passei pelo mesmo desencanto e a mesma sensação de ter soltado um grito no deserto, posso compreender muito bem a tua revolta. Mas é isso mesmo, vivemos numa terra de botocudos, de eunucos mentais, e não é desistindo que vamos modificar alguma coisa.

Eu tenho muito pra te falar. Passei por diversas e terríveis "temporadas no inferno" - acho mesmo que cheguei a beirar a loucura. Minhas experiências com o LSD foram medonhas, de cada vez doze horas num inferno de monstros, fantasias paranóicas, insegurança, medo, desespero e uma solidão que eu nunca havia experimentado antes. Nada de delírios místicos, beleza, amor. Só medo e escuridão. Parei com tudo isso. Mas me ficou um saldo: uma insegurança ainda maior, um medo pelos que ainda não se deram conta do horror. Não sei direito, estou confuso em relação a essas coisas e a quase toda s as outras. Vamos passar o mes de janeiro numa praia e, na volta, se eu voltar, creio que procurarei um psicanalista - estou todo esfarrapado por dentro. Como te disse, é difícil dizer todas essas coisas por escrito. Mas nunca sequer imaginei que a vida pudesse ser tão difícil de ser vivida, que as pessoas pudessem ser tão abjetas (reli a pouco as cartas da Mansfield, há um trecho onde ela diz: "Eu não me incomodaria de ser doente ou anormal, se as pessoas não fossem abjetas como são").

Na praia, vou me esforçar para conseguir novamente entrar em contato com a natureza e comigo mesmo - e através disso alcançar Deus outra vez. Se eu conseguir, a batalha estará ganha, a crise superada, eu terei sobrevivido, darei uma de Fênix e ressurgirei das próprias cinzas; caso contrário, eu não terei me enganado, a vida é realmente suja demais para ser vivida e eu não me poluirei. Isso é o que sei a meu respeito. Se houver uma chance de viver sem sujeira, eu a agarrei com todas as forças. Não sei, realmente não sei, por favor me escreva - estou muito sòzinho, meus pais fizeram todo o possível para que eu me convencesse de que sou uma pessoa má e desprezível -, por favor não me deixe de me escrever, eu ACREDITO demais em você, no que você escreveu, no que você viveu, no que você foi e é - você é a única pessoa a quem eu recorreria numa hora assim escura, e é o que estou fazendo. Um abraço para o Dante e o Zé, desejo um Natal feliz e um nôvo ano cheio de coisas boas, ou pelo menos melhores que a deste maldito 71 (que eu sei, foi também terrível para vocês). Um grande beijo do seu
        Caio.

Porto Alegre, 14 de maio de 1972.

Hildinha,
           tentei me comunicar com você 2 vezes, desde a tua última carta, em janeiro. Primeiro escrevi para a caixa postal de Campinas (1 537); a carta foi devolvida pelo Correio, dizendo que a caixa não pertencia mais a você. Escrevi então à Hermenegarda Takashita, mas não houve resposta, faz muito tempo. Estou escrevendo agora para um endereço que o Moacir enviou, aí em Campinas. Como ele está sempre em contato com você, espero que lhe entregue.

Estou bastante bem, graças a Deus. Passei por uma fase extremamente difícil, depois das confusões todas no fim do ano passado. Creio mesmo que atravessei um período de loucura, pelo menos de estagnação absoluta, descrença, amargura, vazio, solidão. O que me salvou dessa estado foi uma psicoterapia, um tratamento rápido, na base de Pavlov, hipnotismo, essas coisas. Reagi muito bem, tão bem que o psiquiatra me deu alta, há mais ou menos um mês atrás. Reconheci, então. Reconquistei uma a uma as minhas coisas antigas - as positivas, apenas, pois parece que finalmente consegui atingir um certo amadurecimento, que eu chamaria mais de equilíbrio. Naturalmente muitas coisas - a maioria delas - ainda doem, a fundo; mas já não existe de minha parte aquele envolvimento desesperado e adolescente. Talvez eu tenha perdido um pouco em intensidade, mas ganhei muito em segurança, em força. Estou trabalhando, à tarde, numa agência de publicidade. Faço pesquisas de mercado. É um trabalho medíocre e automático, e até acho bom, não tolhe em nada a minha criatividade, não é prejudicial como o trabalho jornalístico. O melhor de tudo é que consegui voltar a escrever. Claro é um recomeço, estou ainda apalpando, inseguro em relação à forma, à técnica (é estranho, mas em literatura parece sempre que a experiência anterior não ajuda em nada). Estou tentando um romance, Os Girassóis do Reino é o título. Tento contar todas essas coisas que eu e a minha geração atravessamos, as drogas, os hippies, as estradas, a volta à natureza, a tecnologia esmagando o homem e afastando-o de sua essência animal. Estou procurando a simplicidade e, ao mesmo tempo, o mito e a magia. Tento fazer um negócio assim como as 1 001 noites, cheio de lendas, contadas através das mais diversas formas e linguagens: roteiro de cinema, peça teatral, conto de fadas, escrita automática, narrativa tradicional, radionovela. Há trechos em espanhol, em inglês, o personagem principal muda de sexo e de nome o tempo todo. Enfim, tento o ambicioso de uma síntese - caótica, tropical, desesperada como a música pop (que é o que melhor reflete este mesmo tempo de ruído) - ao mesmo tempo bonita, lírica, saudosista. Muitas vezes choro escrevendo, muitas vezes sinto um outro ser guiando a minha mão. E, no fim, concluo o óbvio: nasci comprometido com a palavra escrita. É uma destinação irrecusável, e tristemente terrível sob vários pontos de

[...] te, o que não me deixa [...] essas materiais, [...] o quarto com dois [...] o direito de apagar o [...] enfim, me importo. [...] sozinho. A situação [...] dentro de casa [...] ivo, embora tente [...] ão de estar perdendo

[...] tico vem [...] lora e violenta, como [...] e meio arrepiado de [...] lide, que fez parte [...] rio ou da música. Tenho [...] eria de, dentro de [...] também me filiei no [...] ceiras lições. Sinto, [...] limenação, num outro [...] olicitações. Também [...] os foi dado é para [...] até ultrapassá-lo, até

conseguir, através dele, atingir o mais alto. Acontece que, quase sempre, as vontades do corpo são baixas e obscuras. Também por causa dessa maldição (?) homossexual, você sabe, os rituais, os bares especializados, essas coisas. É tão difícil. Quando cedo a isso, por desespero, tenho terríveis crises de consciência, depois. Crises que sei inúteis, desgastantes, porque mais dia menos voltarei à ciranda do sexo. Se fosse possível um relacionamento claro entre duas pessoas, se eu conseguisse encontrar alguém que me completasse, que fosse completado por mim, que me saciasse o corpo para que o espírito pudesse voar. Espero sem, quase sempre sem procurar. Mas quando caio na procura, volto decepcionado, ferido, frustrado, enfraquecido. As pessoas têm medo de entrega. É mais fácil, menos comprometedor diluir-se na ciranda dos bares, das saunas, do debochê. As pessoas têm medo de se doarem. E seria tão bom, tão melhor. Essa é a minha maior preocupação espiritual, e não tenho conseguido divisar a solução, o equilíbrio. Não quero a prisão da carne, também não quero a sua perdição. Não quero tornar-me nem amargurado nem debochado. Não sei.

Vou muito ao cinema, ouço muita música (você conhece um músico hindu chamado Ravi Shankar? - tenho feito viagens incríveis com ele e sua cítara), nos fins de semana vou para o sítio de um amigo, ando descalço na terra, colher frutas, outras vezes vou para Florianópolis, que é uma cidade calma e linda, ainda não tocada pelo demônio da máquina e da civilização. Há semanas inteiras em que caio na badalação

[...] oates, pré-estréias [...] de tudo e voltar [...] qualquer forma, [...] r a diluição. E [...] nto assustador [...] eto e cimento [...] Paulo - sempre [...] algum tempo eu me [...] palavra muito boa [...] como os gaúchos [...] onde volta quando [...] d, acabei a pouco [...] e você. Mas de [...] ção (falar nisso, [...] lida, na renovação [...] so, falso, chato, [...] Rayuela, Cortázar.

E acho que só.

Fico triste quando perco o contato com você. Mesmo quando a gente não está sabendo um do outro, você está sempre presente nos meus pensamentos, nas minhas orações. Lembrar de você é uma coisa que já faz parte de mim. Acho um pouco chato que você só me escreva quando solicitada, isto é, quando eu tomo a iniciativa de te escrever. Isso me magoa. Parece que a amizade é um pouco unilateral, mais minha do que sua. Sei lá, não estou exigindo nada. Você já me deu muito. Queria só que você soubesse como é importante pra mim, como gosto de você, como você pode contar comigo, sempre e em qualquer lugar ou situação. Por favor, me escreva, eu fico muito feliz quando sei de você.

Um grande abraço para o Zé. Beijos do seu

                                            Caio

Porto Alegre, 5 de setembro de 1972.

Hilda, não sei porque você não me escreve mais. Esse silêncio só torna cada vez mais difícil uma reaproximação, pois se acumulam coisas, fatos, experiências, descobertas e quando - como agora - sento para te escrever, com a intenção de contar muito e muito fundo, não sei sequer por onde começar, nem como, perdi o hábito de falar com você, embora não a tenha esquecido em nenhum momento, o que torna tudo ainda mais difícil é que perdi o hábito de falar com qualquer pessoa. Não sei dizer se estou bem ou mal, infelizmente tudo é bem mais complicado, bem menos reduzível a uma ou outra expressão. Sei que estou sozinho e confuso. Tentei, de muitas maneiras, depois do tratamento psiquiátrico, me reintegrar nas coisas externas, sei lá, trabalhar, transar com pessoas - essas coisas. Andei trabalhando em publicidade, em teatro, fazendo mil e uma coisas, um pouco freneticamente - até que voltei a cair em mim mesmo, numa espécie de sede ou espanto que existe dentro de mim e que, visto de fora, parece apenas inércia, apatia, desbunde. Há uns dois meses praticamente não saio de casa. Fico lendo, escrevendo, ouvindo música. Quando saio, não compreendo a cidade com seus barulhos, suas correrias. Não compreendo e não gosto (no fundo talvez tudo seja muito simples). E também já não tenho fé nas coisas ou nas pessoas. Parece-me que tudo que acontece numa cidade grande está intrinsecamente poluído, mesmo o amor (principalmente o amor). E penso se não me terei tornado completamente incapaz de enfrentar esses ônibus, essas ruas, esses túneis e elevados.

Dentro de exatamente uma semana faço 24 anos. Estou sentindo, Hilda, que chegou um tempo de decisões. Experimentei muitas coisas, até agora, vivi um tanto provisoriamente, foi tudo tato, experimento. Acho que agora preciso de uma definição. Preciso escolher. Tenho pensado em caminhos. Pensei em voltar a estudar, terminar meu curso, penso em viajar, em sair, em morrer. E estou tão livre que posso escolher qualquer dessas coisas sem precisar dar muitas explicações a ninguém. Tenho pensado se viver não será uma coisa profundamente indigna, sem nenhuma nobreza, grandeza, sem nenhum deus. E não sei. Tempos atrás eu tinha algumas certezas, ou pelo menos certas coisas não me incomodavam como agora: vinte e quatro horas por dia exigindo (de quem? de quê?) uma razão para estar vivo. Estou distanciado de qualquer realidade - estou próximo apenas das minhas muitas dúvidas - e nesse sentido estou extremamente fechado para as outras pessoas. Enfim: estou todo enleado e perdido dentro de mim e meio apavorado por estar assim, nesse estado um pouco adolescente de indagações e porquês e ansiedades, não sei.

Tenho escrito algumas coisas. Ainda acredito em escrever, apesar dos equívocos daqueles livros publicados. Estou trabalhando numa série de contos muito parecidos entre si: pessoas terrivelmente isoladas que lembram coisas acontecidas não sabem se a muito ou a pouco tempo, tudo extremamente vago, esgarçado, com uns detalhes vivos - tento expressar a memória, você me entende? O absurdo da memória entrelaçada com imaginação, loucura, alienação, fantasia e algumas gotas bem brutas de realidade-real-chão. Os personagens não têm sexo definido, às vezes são homens e mulheres ao mesmo tempo, nem idade, nem nada de característico: o tempo todo são uma série de possibilidades, várias realidades, prismas. Prismas. Não tenho mostrado a ninguém esses trabalhos (não há pra quem), portanto absolutamente não sei se prestam ou não - mas já não estou preocupado com isso. Acho que já não quero ser grande: no momento, conseguir sobreviver parece-me uma grande façanha.

A verdade é que me sinto um pouco como morto, aqui. Vivendo uma não-vida, não-sendo (estou intelectualizando muito, evitando cair no sentimentalismo, na auto-piedade), não-acreditando, não-esperando. Nada, no presente, tem algum sentido, alguma alegria. Revejo muito o passado, tento comparar situações, "extrair lições, ensinamentos": acho que é dessa revisão que têm nascido os contos de que te falei.

Como te falei, estou muito confuso. Há uma sensação estranha de irrealidade não só do que estou vivendo, mas de mim mesmo. Gostaria de pedir ajuda a alguém (às vezes suspeito que tudo isso é extremamente perigoso); mas ninguém pode ajudar.

Creio que meus pais andam preocupados comigo. Quase não falo com ninguém. E desde que nos mudamos e passei a ter um quarto só meu, quase não saio e nossos contatos se reduziram ainda mais. É estranho, estranho. Acho que eles sentem, como eu, todo o absurdo de convivermos sem sabermos quase nada um do outro.

Moacir, Zali e Paulo insistem muito para que eu vá, agora ou daqui a algum tempo, para Bethânia. Preciso pensar sobre isso. Não quero ir fugindo, como de outras vezes, para voltar dentro de algum tempo, ainda mais confuso. Desta vez será preciso sair para não voltar. Qualquer decisão que eu tome, agora (dei-me um prazo até o fim do ano), terá que ser definitiva: definitiva no sentido de tentar construir alguma coisa específica, determinada, de ter um objetivo e lutar para chegar a ele. Preciso disso para não me sentir solto e sem sentido.

Sinto saudade de você. Aquela última vez que nos vimos, em junho ou julho do ano passado, foi muito terrível para mim. Creio que disse isso para você, não foi bom sentir o distanciamento, o monte de coisas que se perdeu ou se modificou. E não fomos capazes de conversar. Isso tem acontecido em relação a muitas outras pessoas, quase que diariamente (naturalmente é menos terrível, porque elas não têm a mesma importância que você teve ou tem), e sinto que fico cada vez mais reduzido a mim mesmo. E quanto mais isso acontece, menos me tenho e menos tenho os outros, não sei se você me entende. Sinto-me cada vez mais impotente, pobre e ignorante, cada vez mais inábil, mais tosco, mais primário, mais inseguro. Antes, fazia uma idéia bem mais otimista de mim.

Não era, absolutamente, esta a carta que eu queria te escrever. Queria uma coisa mais clara, mais ampla, menos subjetiva. Mas, no momento, estou mesmo é assim. A frieza - se parece frieza - é apenas controle, para não tornar tudo ainda mais difícil. Queria demais que você me escrevesse, que não perdêssemos o contato como aconteceu. Só me escrevendo você estará ajudando muito. E eu estou precisado de ajuda.

Estou mandando o recorte de um artigo que escrevi a algum tempo sobre um teatrólogo gaúcho, onde cito você. Se você me escrever, gostaria que contasse das suas novas novelas, das quais Moacir me falou. Um abraço para Dante, outro para Zé, outro para Geraldo. O carinho de sempre e um beijo do seu

Caio

PS - MEU NÓVO ENDEREÇO:
OSCAR BITTENCOURT, 12
MENINO DEUS - PA - RGS

Mando muitos abraços, ele ganhou o 1º prêmio do Conselho Est. de Cultura.

Dante está trabalhando com o pai. Ainda não vendemos a fazenda.

Caio querido, saudades enormes — O que há com você? Votos especiais ardentes para um Bom Natal e um feliz Ano Novo. Desejo todas as alegrias para 73. Gosto muito de você. O 3º

"DADOS" sai em Abril pela EDART. Escreva para a Cx Postal 1537. Mesmo endereço. Conte tudo de você. Quando nos veremos? Beijos Hilda

BOAS FESTAS

Paris, 25-5-73

Hilduinha, ma chère; veja só, estou aqui, sentado num café na esquina da Rue des Écoles com o Boulevard Saint-Michel no Quartier Latin. Paris é uma glória! Estou aqui apenas a 4 dias, mas já completamente apaixonado. Amanhã mesmo para Estocolmo, trabalhar, mas quero voltar todas vezes em Paris. A Espanha foi uma depressão, caótica, fria. Não gostei. Ainda não conheci pessoas maravilhosas exceto um Lucho, ex-discípulo de Ravi Shankar, que tocou sitar para nós uma tarde inteira. Não teríamos sofrido! Ruim é que tinha o cu disco — mas nos encontraremos e nos perderemos em Barcelona. Acho que a minha ideia está boa: tenho me limitado a olhar as coisas. Meu amigo Augusto está lendo teus poemas e amando. Espero que O Verdugo esteja muito bem: li uma crítica muito imbecil na Veja. De Estocolmo mando o endereço, para que você me envie QADÓS, logo que sair — promete? Quanto ao meu concurso, ainda não soube nada, estou na maior aflição. Dê um grande abraço no Zé. Catia beija muito para ele. Tem um solzinho gostoso e mil pessoas loucas passando. Beijos,

Caio.

Estocolmo, 20 de junho de 1973.

Hildinha, querida: saudade. Faz horas que quero te escrever, mas é quase impossível, com estas andanças todas — hoje parece que finalmente consegui um pouco de paz e esta máquina de escrever, emprestada por um rapaz português, Bernardo, exilado político, poeta e escultor maravilhoso. Tudo bem. Tem tanta coisa pra contar que eu não sei ao certo por onde começar, e penso se não será melhor resumir tudo nesse "tudo bem".

Estou trabalhando num restaurante, lavando pratos 8 horas por dia. É um trabalho duro, do ponto de vista físico, nos primeiros dias eu morria de dor nas pernas e nos músculos das costas. Pensei até em escrever uma novela chamada "Mas Vão se Lavam Panelas?" Agora o corpo acostumou — e até é bom poder soltar a imaginação enquanto MILHÕES de pratos passam pelas minhas mãos, que até agora só sabiam de teclados de máquinas de escrever. Quanto à Suécia, é um país pós-industrial, com todos os bodes da super-civilização: incomunicabilidade, automação e quejandos. Ao lado disso, a natureza é linda, tem bosques e parques maravilhosos, com fiordes esquisitos, onde a gente pode passear e viajar. Tem sol até às 11 da noite, depois fica duma cor de crepúsculo durante umas 3 horas, e o sol torna a sair. A gente vai dormir sempre com aquela sensação de ter badalado a noite inteira.

Eu estou mais ou menos bem, ainda não sei explicar bem o que acho nem o que sinto. Às vezes dói muito, outras vezes fico querendo notar em mim um crescimento, mas parece que a coisa é tão sutil que não se revela assim no mais. Tenho andado sozinho e com vontade de ficar mais sozinho ainda. Tô cansado de gente e de cidades grandes, de confusões afetivas e barulho de automóveis — esse cansaço me acompanha a muito tempo. Ando perto de Deus — ou do Mistério Maior, não importa o nome — e com vontade de me largar numa profunda de ioga, medição e esoterismo. Acho que vou voltar em setembro. Para essas coisas e para o lançamento de meu livro que, você deve saber, ganhou uma Menção Honrosa no tal prêmio. Pelo menos, vai ser publicado por uma boa editora, até o fim do ano. Eu quero estar aí para curtir isso — pouca coisa mais me interessa além do meu trabalho. Sairei daqui no fim de agosto, talvez passei um mes em Ibiza. A minha curiosidade esmoreceu um pouco com as toneladas de pratos, e vejo que, sem dinheiro, a saída parece ser apenas essa. E acho que não vale a pena. É duro ter que voltar ao Brasil e começar de novo - parece que a minha vida continua a ser provisória, e eu tinha tanta vontade de me plantar em algum lugar, em alguma coisa, em alguma pessoa...

Não vi Gofredinho em Paris (amei a cidade - do que vi até agora foi o que mais gostei, é duma poesia e dum calor incríveis). Marisa tinha ficado com o endereço dele e nos perdemos em Barcelona. Foi pena.

Por favor, escreva contando MIL coisas. Estou curiosíssimo para saber como foi a temporada do <u>Verdugo</u> (se você puder, dê um grande abraço em Rofran Fernandes - eu deslumbrei com esse cara) e como anda teu livro, o <u>Kadós</u>. Mande contar todas essas coisas e o que mais tiver acontecido. Zé está bem em sua nova vida paulista? Espero que sim, adorei poder me comunicar com ele desta última vez e senti-lo tão mais maduro.

Não deixe de escrever. Você não sabe a importância que tem uma carta nesta puta distância. E por favor, cuide-se. Confesso que fiquei um tanto preocupado com você em abril. Tive medo que você estivesse à beira de escorregar para uma solidão ou uma carência dolorosas. Mande forças e boas vibrações. Não esqueça que sempre você vai poder contar com este amigo aqui (ou aí, tanto faz - distância é só uma convenção geográfica, não é?) que, complicado ou não, te ama muito.

Um grande beijo do seu

O endereço:
Kungshamra 71//310
17170 Solna - Sverige (Sweden)

Londres, 2.08.73

Saudade - ausência de você, e a vida se renovando todos os dias, sem roubar você da minha memória - saudade que não é ausência, porque de tão tangível quase fico ao teu lado - e em pensamento - ou numa outra dimensão - é realmente aí que estou, é realmente daí que nunca saí - ouvindo, aprendendo, sentindo suas lições de tanta vida, que seu lírico me trouxe outra vez - ou tornou a renovar, porque repito: você nunca se apaga em mim - saudade-presença, perto-perto do seu retumbante coração, da luz que você tem.

Huldinha, tenho vivido, tenho aprendido - estou nascendo de novo, e outra vez volto a acreditar, a esperar. Não é fácil nascer, você sabe, é sempre com dor e sangue que se aprende - mas uma coisa começou a se fortalecer em mim. Passei três meses de treva na Suécia; eu me sentia exatamente como se me tivesse perdido da luz, e que precisava ir até o fim da escuridão, porque não havia nenhum atalho, nenhum entreminhas. Me perdi da magia, da beleza - tudo me parecia opaco, duro, sujo, sem sentido. O povo sueco é feito de robôs padronizados, tudo igual, tudo meio morto - e eu me perdi completamente de mim. Não sabia porque estava lá, sem entender nada, sem acreditar em nada. A decisão de continuar na Europa ou voltar ao Brasil foi uma decisão de vida ou morte. Eu sabia que, se ficasse, seria obrigado a me renovar, a me reconstruir inteiro, descobrir objetivos, interesses - voltar seria ceder à inércia e à escuridão, e esse quase pânico visceral que tenho de viver. Agora, aqui, ainda não me reencontrei completamente - mas sinto que estou à caminho, apalpando, reconhecendo. Já consigo dizer (na Suécia era um crasco tão enorme que eu nem falava) e me movimentar, ainda com medo, com casca, já ur - mas consigo.

Amanhã nos mudamos para um apartamento - eu, Augusto e Marisa. Em seguida começo a trabalhar - acho que vou para uma fábrica, como operário. É começar de novo, enfrentar outra vez. À tarde e tudo inglês numa escola. Aos poucos a minha língua se desenrola e a mente compreende mais. O cotidiano, o avanço lento.

Mas AGDA (1º)

Agda me sacudiu, me doeu, me fez sangrar e morrer um pouco. Eu li duas, três vezes - e cada vez me doía mais - porque eu entendia - e mais: porque eu sou também Agda - uma das minhas partes, um dos meus eus, que eu nunca tinha encarado (nunca tive coragem de) - com esse lodo na cara, mastigando a mim mesma, era abraçada, consumindo-me e conhecendo-me sem nojo, gosta e amassada. "Lívida alquimista". É tão maior que apenas literatura, palavras, construções, algo justo, agarra com os dentes um nervo, um pedaço de vida, uma coisa real. Te conheço, te acredito, te amo muito mais depois de Agda - eu acho que é preciso uma coragem imensa, uma total falta de couraças, de qualquer espécie de autocomplacência - imagino que escrever te como que esbofeteando tua própria face de Agda — que também é minha —, entregue a ela como se fosse tua única face, e como se Agda estando perdida, estivesse também perdida — e na verdade está, e na verdade não está, porque também és Lázaro, Maiorômio, Qadós, Agda segunda. "Vou tudo de mim tudo de novo, ver, tocar pela primeira vez. Não as primeiras carícias, nem as segundas, a primeira." Que grande maravilha." O corpo e a vida que se perdem — mas não se perdem — se guardo comigo todas as carícias e os toques, nada morre, e isso se deposita, para formar o grande vaso da memória, que nos alimenta e nos impulsiona, nos mata e nos vitaliza.

"limpa o pátio   Limpa teu corpo, sua casa,
cuida das flores   cuida do sujo (que também é
põe água nos cactus   teu) — rega teus enfeites
                       (mas os cactus não precisam
                       de água), dá vida ao
                       absurdo de todos os dias.

"nunca mais nunca mais ninguém me tocar"

Chegou hoje da Suécia um grande amigo, português, Bernardo, pintor e poeta. Veio entusiasmado com o teu livro, sobretudo com Agda (Rofran enviou para o endereço dele). e quer escrever alguma coisa sobre para os jornais portugueses com os quais se corresponde. Pergunto se você poderia enviar 2 exemplares para o endereço dele na Suécia — um para ele, outro para Aragão em falar português. Não é muito. Portugal também não é absolutamente a glória - mas acho que você deve fazer isso - no mínimo, pode abrir portas para outros contatos. Bernardo disse muita coisa sobre o livro - mas o que me revelou que ele realmente havia entendido foi a observação que fez sobre a tua ligação com o tema: - "Ela é tão tua que, apesar de toda a inovação formal, me parece uma autora medieval." O nome e o endereço do Bernardo são: BERNARDO PESTANA / KUNGSHAMRA 11 / 122 / 17170 SOLNA / SVERIGE.

16.10.13

Passaram alguns dias, mudamos para o nosso apartamento e aconteceram muitas coisas. Eu estou bem, mas preocupado. O inverno está chegando, e eu sinto na alma a falta do sol. Dinheiro acabou → tora a procurar trabalho. Mas encontrei uma pessoa que tem me ajudado muito. Chama-se Nelson, estuda dança, é cubano mas saiu de lá com 11 anos. Sinto um pouco de medo, enfrentar tudo isso não vai ser fácil, eu sei. Por fazer, me escuras sempre. Eu preciso muito. Perdoe a desordem, o silêncio prolongado, tudo que não está bem. É raro, difícil tempo para escrever. Tenho feito gravações boas, ruins, incensos. Parei com a carne, dichúmi e cigarro e estou imune de no drugs. Saudade. carinho enorme por você. Mamãe fala muito em Zé. Peça a ele que nos escreva. Tudo de bom. Seu

Cris.

21/22 PORTEN RD 4
W14 LONDON - ENGLAND

Londres 26.3.74

Hildinha, penso, refiro em você e não consigo imaginar como está. Minhas cartas ficaram sem resposta, minhas mensagens telepáticas não chegam até você. Mas tudo bem. C Brasileiro aqui em Londres pelo encontro outro fala + ou - assim:
"Olha, perdi o emprego, não encontro outro, fui despejado do quarto onde morava, ontem levi uma pisa da polícia, me pegaram roubando muito super-mercado, meu velho não quer mandar grana, tô com piolho, não tomo banho há três dias, um amigo fuiu pra com 100 dólares em cima, perdi meu passaporte e a embaixada não quer me dar outro" (pausa de um minuto. Sus-pico.) — "Mas tudo bem.") Preciso dizer mais?

Tô voltando. Sem ironia, estou realmente bem. De cuca, pelo menos. Acho que soube elaborar e compreender toda a experiência, desde cá quase todo o dia, lúcido ainda o suficiente pra sacar que o ciclo fechou e é tempo de partir. Envelheci uns 20 anos. Vi como um danado" e levi porrada de todos os lados, inclusive os que julgava mais fortes. Meu ego fez puf! e já era. Tomei pirada, tirei liso, ejetei passeguro em fábrica, fiquei doente, senti frio, fome, tive vontade de morrer, de voltar, aprendi a odiar, etc. etc. Me sinto vivo como nunca. Tudo é mais real, e eu nele. Sinto uma vontade louca de viver. Ficou uma coisa que eu não tinha: uma consciência social, uma vontade de amar, de fazer alguma coisa.

2

volto por causa disso, principalmente. Para os meus livros - com muito a dizer. Decidi voltar - e acho isso ótimo - justamente quando as coisas começaram a parecer dar certo: aqui ao lado mês está arranjei um emprego de modelo, numa escola ótima. Pagam bem, é legal, fiz "sucesso" e indicaram-me para outras escolas. Mas eu já tinha sacado que não é aqui, que não quero isso. Hildinha, tá tudo apodrecendo aqui. Tudo caindo aos pedaços, inclusive - ou principalmente - as pessoas. Lixo de séculos acumulado nas ruas e nas casas. Mesmo o que se vê em arte - teatro, por exemplo - é velho. Conservador. Cansei. Escrevi à mãe, pedindo a passagem. Se ela puder mandar, vou logo, meis que vem, maio. Caso contrário volto à Irência pra trabalhar e junto aí em setembro.

Depois de muito tempo, voltei a escrever. Tá saindo uma peça - e mil idéias pra mil coisas. A vida fervi. Mas quase não há condições de escrever: trabalho 11 horas, não tenho máquina e cá tenho mil pulos de escrever e moro numa squatter-house - casa muito velha, abandonada p/ demolição - não se faja nada - nem tem platéia e pulgas, pulgas!). Voltando, pretendo antes um mês de lençóis limpos e atônica jo nuvio, em Porto Alegre. Depois, acho que vou mesmo que é pra São Paulo. Quero tentar uma bolsa para escritores latino-americanos em Iowa, USA - aprendi bastante inglês e talvez meus livros tenham condições. Mas é coisa a ser pensada. Até lá, é batalha. Mas já não tenho medo. E se sai enterro deste round, outro não me derruba mais, pode crer.

Tenho um livro pra lançar aí — ainda aquele do concurso. A Expressão e Cultura se desentenderam com o INL, e o livro saiu por uma editora paulista mesmo. Uma merda, mas, enfim, melhor do que ficar engavetado. Quem que a Sofia conhecesse é o R. Em caso afirmativo, please, fale sobre. Seria uma força.

Comigo sempre Agda e os seus poemas, que já andaram por aí em Londres. Esteve aqui uma moça paulista, Leona, pessoa maravilhosa. Dei seu endereço pra ela. Ela prometeu mandar notícias suas.

Literatura, pouco. Mais Tarot, I-Ching, Alquimia, Astrologia, coisas assim. Discos—loado que essa coisa-Europa tá no fim. Lembra Nostradamus, e faz sentido.

Apanhei uma alergia profunda ao flower power cadavérico que viceja por estas bandas. O underground é coisa morta. Junk bandas inomináveis, coisas incontáveis por conta — a beleza hippie dos anos 60 se decompõe nas caras enrodilhadas e sem dentes de heroína. Philidinha, é horrível. Dói muito, dói pra caralho você ver assim na sua cara que realmente parece não haver saída. Afora não

4

(com muito sangue, com muito ódio) e jamais dizer- acabou pelo céu.

Sol tá voltando. Seis meses sem ele. Uma barra. A cidade cinza, inocente. As árvores todas mortas. Agora tá voltando. As pessoas ficaram meio enlouquecidas e eu saio cantando Here comes the sun. Lembro e entendo - e pra as velhinhas suecas estáticas, de olhos fechados e caras voltadas para o sol. Faz seis meses que não piso descalço na terra. Sol é importante, terra é importante. Céu com estrelas. Tenho algumas certezas, agora, que sobraram das soluções que eu trouxe - e que morreram todas.

Não te peço pra escrever. Você não escreve mesmo. Sae, só pra dizer que tô muito ai- da, ainda - que você continua dentro, perto de mim e que te lembro, te penso, te gosto sempre, todos os dias. Acho que daqui a pouco a gente se vê. Até lá, um beijo. Take care. ben

Caio

```
C/O RONALDO VICENTINI
23 WINCHESTER RD
NW3 LONDON - ENGLAND
```

Londres, 4.4.74

Hildinha querida - recebi sua carta. Enfim! Fiquei feliz demais por saber que
você está bem, trabalhando e vivendo.
Foi um dia lindo o que te recebi: tinha
saído sol, depois de muito tempo - e
eu andava passeando por Portobello e
Chelsea, na beira do rio. Fiquei muito
emocionado e te mostrei para um amigo. Gostei sobretudo de saber da poesia. O título é lindo.

Eu tô mesmo voltando. Por meu cálcu-
lo a passagem deve chegar lá pelo
dia 15 de abril. Queria ir imediatamente - mas estou tentando juntar algum dinheiro pra não chegar aí desu-
como e passagem. Tem valor de um
mês - acho que, no máximo, até 15
de maio estarei aí. Realmente não
aguento mais.

Meu plano é passar um mês no sul
com minha família. Depois não sei.
Talvez você quisesse me receber para
uma temporada na fazenda - um
mês, no máximo. Eu gostaria demais.
Tenho tanto pra contar, tanto pra ouvir.

Estou vivendo pote, como não há
condições (não tenho máquina, trabalho
12 horas, gasto + 2 no metrô), não tem

nada pronto. Quase só anotações. Uma peça, um romance, alguns contos e poemas, uma longa história já iniciada. Volto para o meu trabalho. É o que me importa, o que acredito. Meu coração tá cansado de gente.

Ando triste. Mas bem. Na verdade ando muito triste. Compreendo tanta coisa, ou tanto. Sei lá. Deixei de acreditar, um pouco, de ter esperança. Isto aqui está aos pedaços. As pessoas também. Ou principalmente.

Lúcio Manuel Puig, um argentino. La Traicion de Rita Hayworth. É muito bom, como técnica, como linguagem. Às vezes lembra você, no desnudamento, no aparente caos.

Estou fascinado por minha peça. Acho que nunca poderá ser montada - é duma violência inusitável. Acho que estou já junto dela todas as minhas vivências. Queria muito mostrá-la a você e a Sofian Fernandes.

Zé - que PUTA saudade! Penso sempre, sempre nele, com seu olho limpo, cheio de compreensão e amor. Marisa e eu falamos muito nele. Tenho tanta fé. Que não se perca, que não se mache, que, que conserve seu olho limpo.

A sensação, quando te li, foi a de que ainda sêmos amigos. Te amo muito. Um beijo para o Dante. Até o nosso re-encontro extenso e verde, te pensarei todos os dias. Teu

Caio.

Porto Alegre 6. 6. 74

Hildinha

É mais um bilhete de chegada. Ainda estou muito no ar, muito em estado de choque para aprofundar qualquer impressão. Embora sejam quase todas negativas. Objetivamente tudo bem. Hoje completei uma semana de Brasil. E estou vivo. O que é alguma coisa. Fiquei 5 dias no Rio (que não continua lindo) e estou com 2 de Porto Alegre. Papos furados. As pessoas estacionadas no tempo, engordando e comprando carros, apartamentos, falando e fazendo exatamente as mesmas coisas de 13 meses atrás. A sensação é de que o tempo parou por aqui. E de que não tenho nada a ver. Tá doendo e sendo difícil. Mas não estou nem um pouco arrependido (ainda), cresci demais, meu olho se abriu muito e, com minha paciência macrobiótica, vou transando com a maior delicadeza, o mais slow possível.

A cidade poluidérrima e um surto de hepatite devido à contaminação da água. Meu pai doente e minha mãe numa bad-trip incrível, chorando, se achando um lixo, muito envelhecida. Dói demais e eu fico tentando dar força. Meus irmãos plantados em frente à televisão, assistindo imbecilidades inacreditáveis. Minhas irmãs adolescentes, com problemas homéricos. Saio na rua e fico todo machucado com as coisas que agora vejo e que não tinha olho pra ver antes. Hildinha, é demais triste, demais feio.

Mas continuo achando que aqui ainda [...] velho, irremediavelmente podre. E te[...] trouxe. O reencontro com a máquina [...] deu pra começar. Tem muita gente ch[...] também ainda não aterrisei bem. Esto[...] acham saudável, bonito e tal - e su[...] solidão é muito forte e choro um po[...] vou tocando, acendo vela, queimo inc[...] meus amuletos e se na volta não tem [...] e as pessoas lindas que pintaram al[...] para esperar até que pintem de nov[...] passa depressa e daqui a pouco já va[...]

Mona me escreveu p ra Londres ainda, [...] tinha sido o maior sucesso. Você po[...] geral em literatura brasileira, mas [...]

até que o astral queira - então, se você tiver com você coisas novas, saídas de um ano pra cá e que você já tenha lido ou não goste ou não queira, se puder, por favor, mande, seria uma bençao.

Pensei e penso muito em você. Pudesse, ia te ver agora, já teria ido. No momento não dá mesmo. Além da dureza, tem a transação do meu livro e a minha mãe tá me preocupando demais mesmo. Vou ver se consigo botar ela numa de ioga ou macrô ou qualquer coisa assim. Entendo todo o bode, a vida perdida, sem nenhuma compensação, o tempo todo que passou e não volta, o marido enchendo o saco, os filhos enchendo o saco, a maldita moral cristã mandando sacrificar-se pela família e esperar o quê Jesus prometeu - olhar pra trás e ver o grande vazio de amor e de alegria que foi tudo, não deve ser fácil. E ela não consegue entender que tudo isso está na mente dela.

Sei lá, sei lá, estou todo dolorido das porradas levadas lá e destas que começo a levar aqui. Mas meu coração tá contente. Eu tô vivo e, talvez um pouco inutilmente, como o seu Unicórnio, eu acredito eu acredito eu acredito eu acredito eu acredito

Não me deixe sem você. Venha pelo menos em livro, em carta, em vibração. Nós somos muito bonitos, nós somos os únicos girassóis desse reino pobre e sujo. Continue indo pra cima e não me prive da sua luz, do seu amor.

Te amo muito. Que você esteja feliz e em paz com o de dentro e o de fora. Um beijo do seu

Caio.

Porto Alegre, 17.12.74

Hilda:

Para desejar a você, Zé e Dante um natal feliz, um novo ano cheio de coisas bonitas. Esses votos de fim-de-ano sempre soam tão convencionais, não é? Mas eu gostaria mesmo que vocês estivessem tranquilos, em paz.

Comigo, tudo na mesma. Consegui passar de um período muito difícil - meu Deus, foi negro, acho que estive completamente louco. Continuo deprimido e isolado, sem interesse por coisa alguma e sem saber o que fazer da vida. Ultimamente tenho conseguido escrever algumas coisas novas - creio que vou tentar o concurso do Paraná. É uma boa grana, com ela talvez eu conseguisse fazer alguma coisa, ir para algum lugar. Tenho pensado até em voltar à Europa.

Meu livro deve sair no começo do ano que vem. Isso, esse atraso, também contribuiu para me deprimir. Afinal, eu tinha voltado principalmente por causa disso. E todas estas crises, editoras falindo, etc. etc. Eu vejo tudo no Brasil extremamente sem perspectivas. Teatro, cinema, literatura, música - tudo estagnado, agonizante.

Gostaria muito de vê-la. Muito mesmo.

Tenho lido Ronald Laing - aquele cara da anti-psiquiatria -, que me ajudou muito a reconhecer alguns processos esquizóides e tentar detê-los. Estou confuso e muito sozinho, completamente sem graça e sem alegria. Já estive assim outras vezes - mas nunca durante tanto tempo. Sei lá, vai passar quando tiver que passar.

Não escrevo mais porque acho horrível ficar me queixando. Não existe nada mais chato que auto-comiseração. E nem sempre consigo evitá-la.

Espero que você esteja criando. Tenho vontade de ver seus novos textos. Pense em mim, por favor, mande um pensamento claro.

Um beijo do seu amigo

Caio.

Porto Alegre 30.12.74

Hildinha muito querida:

Mandei a você uma carta deprimida e deprimente. Sorry. É por isso que às vezes prefiro não escrever. Bem, melhorei. Não sei ao certo o que aconteceu - mas de alguns dias para cá tenho me sentido como a Bela Adormecida deve ter se sentido ao despertar. Um novo gosto de mel e girassóis na boca. Pedi tanto, estava tão desorientado, queria só recuperar essa alegria funda de estar vivo. E recuperei. Acho que captei a energia que você deve ter enviado. Thanks.

Arranjei até um trabalho, veja só: leitor de originais do Instituto Estadual do Livro. Faço pareceres sobre originais inéditos, dizendo se têm ou não nível para ser publicados. Pagam $250 por cada um, faço uns 4 ou 5 por mês. É legal, não preciso sair de casa, e assim apito um pouco (modestamente) em quase tudo que se publica por aqui.

Outra boa notícia - um conto meu, "London, London ou Ajax, Brush and Rubbish" está sendo FILMADO em Londres por um cara chamado Jonhy Rosza, filho de húngaro com tcheca, nascido no Quênia. É apenas um curta-metragem não comercial, para ser exibido em cinemas de arte, como o Electric (uma garagem em Portobello Rd). Mas tudo bem, não é?

Fui interrompido pelo Maciel, que veio me convidar para um reveillón - ele está lindo e mandando mil abraços e beijos para você. Ele andava meio em crise, readaptação difícil - morou 5 anos na Europa e voltou só há quatro meses - mas agora tá legal, a todo vapor. Estamos tramando uma edição de uns 30 exemplares de 7 contos meus, ilustrados por ele - está trabalhando com óleo, fazendo coisas altamente iniciáticas.

Consegui retomar a pena - estou mandando para você meu último conto. Fica assim como uma prova de que melhorei. Espero que você goste.

Um 75 gordo, farto e lindo para você e os que estão a seu lado. Por favor, escreva, conte coisas. Um beijo e todo meu amor,

Caio.

Gay Port 12. 3. 75

Whatever happened to Hilda Hilst? - é o que tenho me perguntado quase todo dia. Ainda não encontrei a resposta. E não quero insistir. Só espero que você esteja contente.

Eu estou ótimo. A crise de chegada durou seis meses. Mas passou. Como tudo. O momento agora é claro, de trabalho e amor. Renovação. Superei sozinho - foi incrível. Todos os apoios falharam, e eu consegui me sustentar, apoiado em mim mesmo, no que eu já tinha vivido. Agora é como aquela lápide do Vonnegut Jr.: "Tudo era bonito e nada doía".

Estou escrevendo quase que "a negócios". O seguinte: devo assumir, semana que vem, o cargo de crítico literário da "Folha da Manhã". Terei uma página semanal, inteiramente livre. Pensei em dividí-la em pequenas secções: uma crítica mais ou menos extensa sobre um lançamento recente; uma secção de notícias (concursos, seminários, coisas assim) e uma outra que se chamaria, por exemplo, "Vale à pena ler de Novo", qualquer coisa assim - onde pudesse comentar livros lançados há algum tempo. E aí entra você. Quero divulgar o seu trabalho. Acontece que só tenho a antologia, o Noviciado e Qadós - Fluxo-Floema, os dois que eu tinha, ficaram um com Antonio Bivar outro com Maria Bethânia. Então, se você pudesse mandar um, seria muito benvindo. Também, se você tivesse alguma notícia sobre você mesma - um novo livro, por favor, mande. E qualquer coisa sobre Zé Luiz.

Eu ando fazendo muitas coisas. Estou trabalhando como ator, numa peça infantil, "Serafim-Fim-Fim" - já estreamos, tudo bem. Faço o Autor, que se transforma em Batman para provar que na vida a gente pode ser o que quiser. Fim de abril começo a dirigir minha própria peça, escrita em Londres, que tem sete títulos (o principal é "Uma Visita ao Fim do Mundo") -estréia marcada para 12 de julho. Também tenho trabalhado como leitor de originais para o Instituto Estadual do Livro. E nas minhas coisas, claro. Estou com um novo livro de contos praticamente pronto, a chamar-se "De Várias Cores Retalhos" - uma peça infantil, uma novela, um romance, uma peça para adultos em andamento. Também estou me mudando. O endereço continua este. Apenas cresci, juntei forças com dois amigos e estamos procurando uma casinha onde se possa ter um jardim, um pátio, árvores, cachorrelhos e muita paz. Tenho duas plantinhas no meu quarto, uma bicicleta chamada Mercedes e um gatinho, Onírico Saturno. Também aprendendo flauta. Nos intervalos, monto um teatrinho de fantoches com Augusto e leio "A Chave dos Grandes Mistérios", de Eliphas Lévi. O ano que vem penso em fazer Peru-New York-Itália-Grécia-Índia, mas antes queria comprar uma terra por aqui - então não sei se será po$$ível.

Ando feliz, fazendo muita ioga e amando (veja só). O verão foi lindo, agora está se indo, tomo elixir de mulungu para dormir, tenho vontade de sorrir pra todo mundo e dizer coisas bonitas - faz quatro meses, quase: sorrio pra todo mundo e digo coisas bonitas.

Como vai você? O céu anda cheio de discos-voadores e os crepúsculos têm durado duas horas. São roxo e dourado. A Europa já pousou feito poeira no fundo de mim. Não sou mais o mesmo: a dor foi tanta que agora tudo me alegra. Venci o grande poço de mim mesmo - os próximos serão menos escuros, tenho certeza.

Mando a coluna pra você, quando sair.

Um beijo do seu amigo de sempre

Caio Fernando Abreu

24. 4. 75

Hildinha:

com alguns dias de atraso – mas o coração cheio de amor – os meus votos de feliz aniversário. Uma ótima revolução solar, um ano cheio de coisas lindas. Beijos do seu, sempre, mesmo que você não escreva never more,

Caio

Porto Alegre, 28.6.75

Hilda querida:

Seu silêncio às vezes me dói e eu não entendo. Não sei absolutamente nada sobre você. Se você quisesse/pudesse mandar dizer alguma coisa eu só ficaria contente.

Estou mandando esse livrinho que a gente fez e editou - com muita dificuldade. Foi lançado faz dois dias, parece que as pessoas estão gostando. No mínimo, da idéia: provar que é possível <u>editar a</u> baixo custo (o preço de venda é só $ 10), sem passar pelos cornudos editores, como você diria. Tem dois contos meus bem recentes, que eu espero que você goste. O nível é bem desigual, tem coisa ruim - mas gosto muitíssimo do trabalho do Sérgio Caparelli, da linguagem da Jane Araújo (uma grande amiga) e do Valdir Zwetsch. Gostaria muitíssimo que você desse a sua opinião, seria importante pra mim.

Aproveito também pra mandar uma cópia da minha peça. Eu estava com tudo pronto para começar a dirigí-la, já tinha gasto algum dinheiro com a produção, quando veio o NÃO da Censura Federal. Foi proibida completament e, sem explicação. Não sou o primeiro, não é? Tem mais de 450 textos proibidos. Também, infelizmente, não serei o último. Mesmo assim, doeu muito.

Talvez meu livro saia até o fim do ano. Está tudo muito enrolado. De repente, sem saber como, virei autor malditíssimo. A Lygia escreveu uma apresentação linda pra ele.

Espero que o Zé esteja bem, que você esteja feliz. Aqui, a gente navega. Como diz o Tarot: "a favor dos ventos ou contra todos os ventos". Que navegar é preciso, não é?

Acho que me quedo por aqui até dezembro. Depois, meu objetivo é a Índia. Pra demorar muito. Uma vontade meio rimbaudiana de me perder no mundo. Eu e Jane estamos montando um teatrinho de fantoches para arrecadarmos essa grana para voar daqui. Estou bem, às vezes fico muito contente. Converso com as plantinhas, faço ioga e toco flauta quase bem, ouço Bob Dylan e leio Walt Whitman - é nessas horas que fico contente. Sinto sua falta e seu silêncio dói. Continuo o mesmo (alguns séculos mais velho) e muito seu amigo. Um beijo do

Caio

Porto Gelado 19. 5. 77

Hildinha querida:

difícil, duro voltar. sem julinho e sem a sensação de coisas vivas à minha volta. um frio do caralho. paranóia e muito trabalho. esquentei a noite passada lendo "lucas, naim". LINDO. absolutamente verdadeiro, sofrido: um dos textos mais belos que já li. talvez porque me encontre - inteiro - nele. luto, luto. esse tempo por aí me despertou. estou divulgando seu livro. fui nas livrarias; pedi pra colocarem na vitrine. ainda não deu pra escrever a matéria sobre: <u>tem</u> que sair linda. foi muito bom reencontrar você, a fazenda, os cheiros, o clima. eu estou cheio de energia. um beijo do

PS - escrevi hoje pró jornal uma matéria enorme sobre ficções. acho que sai ficha linda. mando logo que sair. me manda energia boa. aqui tá duro. beijo no zé, olga, israel, edna, dante.

Porto 25. 5. 77

Hildinha:

é só um bilhete rápido, mas não (I hope so) rasteiro. Tô enviando uma xerox de matéria na "Isto É" sobre ocê, mais um recorte da outra que eu escrevi. Merda. A editora é uma anta total - eu tinha bolado uma página inteira, bem espaçada, com photo de capa do livro e alguns trechos. A anta apertou tudo numa metade de página com uma diagramação espremidinha, e ficou isso que tás vendo. Sobra (?) o texto. Que eu espero que ocê goste. É realmente o que eu penso/sinto a respeito do seu trabalho, escrito com uma linguagem meio porca - uma redação com cerca de 60 pessoas absolutamente histéricas, 40 máquinas batendo e 20 telefones tocando - tudo ao mesmo tempo.

Hildinha, tô cansado. Dias exaustivos. Tenho ganho tantas batalhas, ou pelo menos, digamos assim, saído ileso (mais ou menos) de inúmeras pugnas (pugnas é bom, não é?). Hoje foi uma sessão dolorosíssima com o psiquiatra, pegue um pouco de Freud, acrescente algumas pitadas de Tennessee Williams, algumas de Sófocles (quiçá Eurípedes), três colheres cheias de Nélson Rodrigues - e terá uma idéia. Vaga. Foi hediondamente bom. Trabalho, trabalho, trabalho. Mas gosto. Tô cheio de coragem, acho que Marte me coroa este ano. Let's go.

Fim de semana mudo pra casinha em Petrópolis. Anote lá: Rua Chile, 661, Petrópolis, 90 000 Porto Alegre. Será bom. Sandra e Gui, com quem já morei muito tempo em London, London, enfrentando barras pesadíssimas. Sandra é professora de ioga, aprofundada em alimentação natural; Gui é arquiteto, compositor. Ela Áries, ele Touro. Eu Virgem. Terra e fogo: será bom.

Tô gostando tanto de viver. Tem uma coisa que me estufa o peito todos os dias, um prazer quase obsceno.

Me escreve. Quero ficar ao par do transplante do Zé. Me escreve mesmo. Beijo pra todos. Do companheiro, sempre,

CASA DO SOL / 23/9/77

Caio querido, saudade de voce, recebi teu artigo, é lindo, tudo o que falas de mim obrigada muito, tenho sempre vontade de falar com voce e fico falando como se voce estivesse aqui, porisso é que demoro a escrever porque acho sempre que falo contigo a cada dia, vi tua entrevista e a do Julio Cesar no Isto é, é excelente, voces estão brilhosamente lucidos, comentamos José Luiz e eu do bom da matéria, vi depois a outra no Pasquim, tambem é boa mas vi que os que entrevistavam pareciam irritados, incrivel isso das pessoas ficarem de repente agressivas numa entrevista, é comum com os escritores, o que será? Penso que isso de escrever provoca sempre no outro um desejo de, vontade de parecença, de posse, e em vez de acarinharem a gente, de dizerem olha eu gosto tanto de ti, olha eu tambem gostaria de ter a tua palavra, teu bonito lá dentro, em vez de dizerem isso, o que seria muito bom pra gente porque é sempre gostoso o carinho o desejo o gosto, pois bem, ficam dando chifradas e ironizando. Mas em todas duas voces se sairam muitissimo bem. Voce sabe que Paulo Emilio morreu, e a Lygia ficou desesperada, foi tudo demais derepente, fiquei com ela uns 4 dias, tive medo que ela não aguentasse, depois tive que voltar mas a irmã Lurdes e a Farida estão lá com ela. Ontem telefonei e já soube que ela está melhor, que está fazendo conferencias, mexendo-se para suportar melhor a ausencia de Paulo. Voce sabe que eu tenho absoluta certeza que a morte não existe, sempre intui e agora sei porque as vozes no gravador são absolutamente reais, ando tentando chamar o Paulo Emilio para dar alegria à Lygia mas até agora não consegui, talvez seja mais dificil conseguir porque eu não tinha grande afinidade com Paulo, demasiado formalismo dele, e uma certa irritação que ele manisfetava em relação a mim, me achava muito febril, muito delirante e vezenquando discutiamos um pouco. Eu o queria bem mas não tinhamos coisas afins. Lygia ve a morte de um jeito terrivel, bossa Bela Lugosi, disse isso a ela, e fica tudo muito escuro, muito terror, muito caixão terra podridão, isso é ruim porque não é isso, o corpo não é mais na morte, o eu real está vivo, atuando, conhece, e está livre. Daqui a uns 50 anos todo mundo vai ter certeza disso. Olhe, estive no Rio lançando o livro com Lygia e Edla, achei tudo muito festança boba, nem um só artigo sobre o meu trabalho, noticelhas bobas na coluna do Zózimo e Ibraim, imagine só, depois de 27 anos de trabalho ninguém sabe que eu existo, dei uma entrevista enorme para o Globo e saiu uma coisa minima, toda cortada, enfim uma bosta. Dia 25 vou para SP, há um encontro com editores e escritores, voce nãovem? Um tal de Thomas Colchie, americano, escreveu a Nelly que quer me traduzir e vai estar lá. Alguma esperança. Saudades, beijo
Hilda

The Literary Review. Ele me mandou o número que tem o seu Grande Pequeno José. Hildinha, tô muito angustiado com isso. Essas coisas todas só me estimulam a escrever -- e não há tempo, não há condições. De repente este ano vai chegando ao fim e eu só terminei a Zona Contaminada e escrevi acho que quatro contos. É muito pouco. E a minha novela? E as idéias todas, muitas, que andam dando voltas na minha cabeça?

Sei lá, deve pintar alguma solução.

No mais, tô lendo o livro póstumo da Clarice, Pulsações, e achando muito chato, repetitivo, aquela coisa de "Escrevo em estertor. Escrever me é. A luz se me entra. Cada palavra é o avesso de nenhuma" -- entende? Ai, meu saco. Acho que ela morreu na hora certa, porque tava repetindo demais a receita.

Quando voltar, em janeiro, vou passar um fim-de-semana aí com vocês. Espero voltar do sul menos neurótico do que ando.

Que o novo ano traga muitas coisas boas pra vocês todos.

Sampa, 18. 12. 78

Hildinha, muito querida:
fiz um esforço pra ver se conseguia passar um fim-de-semana antes do novo ano aí com vocês. Infelizmente não foi possível. Tem gente que dispõe do tempo dos outros (hoje estou muito irritado com esse tipo de coisa) e, além disso, andei saindo para outras bandas e também trabalhando muito. Depois de amanhã vou para Porto Alegre, passar o Natal e o reveillón. Devo voltar só lá pelo dia 2. Então queria deixar a você, Dante, Zé, pequena Olga e Ademar, aqueles votos tradicionais -- somados aos de um final de década glorioso. Fiquemos fortes.

Morar com Rofran tá sendo ótimo. Minha vida mudou completamente. É um pique de atividade que não tem fim. Reciclei completamente minha vida sexual, o que é um alívio.

Ando meio irritado porque o excesso de trabalho na POP, mais uns free-lancers que peguei pra NOVA não me deixam tempo livre pra trabalhar nas minhas próprias coisas. As vezes é muito frustrante ter que aplicar minha cabeça em textos sobre surf ou ambientes eróticos para executivos. Tem jeito? Tem saída? Não tô vendo, a não ser esgotar isso para poder partir pra outra. Há o risco de afundar e me perder nisso. Mas tudo é risco.

Vantagens? Acho que até o fim de janeiro estarei com minha moto. O que deve ser bom. Mas tenho tido pouco tempo para ler e para aprofundar qualquer coisa. Na verdade, estou muito cansado de ser ótimo, enquanto à minha volta vejo pouco ou nenhum esforço. Tô muito cheio de queixas, hoje. Deixa pra lá.

Quando você veio receber o prêmio, aqui, foi muito estranho. A gente ligou mais de uma vez pro hotel e diziam que você não estava lá. Na última vez que liguei, disseram que você já tinha saído. Não entendi nada e, como você não telefonou, a gente acabou não pintando.

Uma boa notícia: saiu um conto meu, traduzido, no Gay Sunshine, editado em San Francisco da Califórnia. É o Retratos, que virou Portraits. Tambem recebi uma carta de Jon Tolman, pedindo textos para uma antologia de brasileiros na

São Paulo, 26 de maio de 1982.

Hildinha:

Estou enviando a você essa revista aí. Acho que você vai achar engraçado. É que me pediram um "painel" de literatura feminina... Aí vai, então, na página 20. O texto é meio imbecilzinho, mas é que essa revista é feita - pasme! - pelo supermercado Pão-de-Açúcar, então se dirige às muié que ficam em casa cozinhando e tal, mas têm umas aspirações libertárias. Bem, divirta-se.

Olha, queria te dizer que foi bom demais estar aí nesse último fim-de-semana. Acho que há muito tempo não via você tão naturalmente bem disposta, leve, engraçada. Voltei me sentindo ótimo. Também apanhar a benção para os <u>Morangos</u> foi fundamental. Eu continuo me sentindo um pouco inseguro, não sei o que as pessoas (?) vão achar e tal. Mas estou seguro comigo mesmo: realmente é o que tenho para dizer.

Mas é isto. Estou numa corrida - como sempre - contra o tempo, fechando o número de junho do jornal. E a patroa me explorando, me explorando... Não sei quanto tempo mais suporto o baixo-astral dela. Ando me sentindo meio só demais. Com esse frio, essa umidade, a casa de repente parece que cresce e eu fico bossa zumbi, subindo descendo escadas ao som dos noturnos de Chopin. Mas rezo muito, tomo banhos de ervas perfumadas, acendo vela, queimo incenso. Gostaria muito de uma companhia, você sabe. Tenho escrito umas 10 páginas de diário íntimo por noite. Virginia Woolf perde...

Dê um beijo em Gisa, em Yara, em Dante. E fique em paz, fique feliz. Do seu

Caio

Rio sem sol, 13.06.83

Hildinha, muito querida,

é rápida, só para passar o endereço novo e dar notícias. Bueno, tudo bem (já dizia o cara que se jogou do 30º andar, na altura do 2º) - estou aqui há quase um mês (faltam dois dias) e vai dando certo. Não sei bem o que seria dar-certo mas, enfim, é agradável. Um hotel velhíssimo, cheio de velhinhos, alguns estrangeiros. Tenho um pequeno apartamento que dá de frente para uma mangueira, um pequeno abismo com uma ruazelha colonial lá embaixo, e a cidade maravilhosa a meus pés. Grana para sobreviver, no máximo, mais dois meses (já renunciei a táxis & coisas assim), depois - isola - pânico geral. Arrumei uns trabalhinhos na Istoé, mas insuficientes.

Anyway, vou indo. Entreggei o livro novo ao Pedro Paulo, da Nova Fronteira, que me ligou hoje para dizer que tinha adorado. Alívio, eu estava muito inseguro, sem visão crítica. São três novelas, <u>Dodecaedro</u>, <u>O Marinheiro</u> e <u>Pela Noite</u> (esta, a mais ambiciosa) - tudo sob o título geral de <u>Triângulo das Águas</u> e o subtítulo de "noturnos" (passam-se as três à noite, terminam ao amanhecer). Assino o contrato na quarta, sai em novembro. Até lá, não sei como vivo. Já estive muito contente, agora estou apenas esvaziado com o livro entregue, fora de mim, cem vezes lido-relido-cortado-acrescentado-revisado. Mais de um ano nisso.

Tenho lembrado de você, dizendo que não-vai-escrever-mais-e-o-que-importa-na-vida-é-o-amor. Não acho que não se deva escrever mais por isso (embora seja dolorosamente inútil), mas concordo. Quero casar, de alguma forma, quero porque quero. E não tem acontecido NADA. Uns amores trôpegos, tudo pela metade, aos trancos. Ou então trepadas pouco mais que profissionais, carentes, incompletas. O que se faz? Penso em renunciar a tudo, voltar para Porto Alegre & levar uma vida de monge. Deliberadamente, ser infeliz para sempre. Mas insisto, insisto, insisto. Como o unicórnio no parque, acredito acredito acredito acredito acredito acredito. Não é suficiente.

Conheci Clélia Piza, gostei muitíssimo. O Piza marido veio expor aqui no Rio, ela me ligou e fui lá. Chiquíssima, gentil, bonita. Ela conseguiu publicar uma tradução do meu <u>Sargento Garcia</u> numa ótima revista francesa, <u>Masques</u> (não existe aqui), e parece gostar muito do meu trabalho. Andam pintando também umas traduções para o inglês e o alemão - mas fico pouco animado. Estou mais preocupado com uma solução para a minha vida afetiva, não para minha literatura - não é péssimo?

A astrologia, os búzios, as cartas, as moedas do I-Ching - todos os bruxedos são unânimes em afirmar que tudo-vai-melhorar. Mas meus cabelos continuam caindo (e brancos, você precisa ver), em setembro faço 35 e nada. Enquanto isso, trabalho. Encaminhado o Triângulo, mourejo no roteiro para um longa-metragem baseado no meu <u>Aqueles Dois</u> (que só vai dar grana a longo prazo), o diretor é ótimo. Terminado, ataco uma biografia de Rimbaud (que-só-vai-me-dar-grana-a-longo-prazo), e tudo passado procuro uns caras da Globo que estão a fim de roteiristas. Ando tão legal & aplicado, Jesuzinho recompensa? perguntaram. Espera sentado, meu bem – responderam.

Afora queixas-de-sempre, na verdade estou ótimo: engordei horrores, quer dizer, pesava 63 há ANOS, estou com 67. Todo disciplinado: acordo todos os dias às 8h, faço refeições em horas exatas, faço exercícios, postura ótima, musculozinhos e tal, quase não bebo (mentira) e fumo potes. Ando numa fase de não-leitura: acho tudo péssimo.

Desmontar a casinha em SP foi terrível. Era a primeira casinha que eu tinha montado na minha vida. Doeu demais, cada quadro que saía da parede era uma <u>overdose</u> de lágrimas. Um dia pirei, saí pra rua, deixei a porta aberta e roubaram uma bolsa minha com TODOS os documentos. Ficou só a certidão de nascimento. Ainda não mandei fazer. Outro dia, num banco, não tive como provar que eu era eu. Dei coisas, joguei fora coisas. Me restou um par de tênis (economizo para comprar outro, e acho superdostoievskiano), jeans e camisetinhas.

Amigos poucos aqui – uma aprendizagem de solidão às vezes dura, mas se pintou pela frente, não é, é porque tem que ser. Então fico compenetrado e digo que está certo, está certo. Embora, alienado & apocalíptico como sempre, ache que não tem conserto. Alguns sonhos premonitórios, inúteis. Umas fés cegas.

Espero que esteja – e estará – tudo em paz aí com vocês. Beijos generalizados: Dante, Iara, Zé, Olga (o bebê vai ser Virgo? ou Libra?). Diga ao Zé para me escrever. Voltei a adorar escrever e receber cartas. E me dê notícias, se puder, quiser. Gosto sempre de você. No livro tem uma grande homenagem a você, mas não conto, só quando sair.

Muito amor. Seu,

Caio F.
(o primo intelectualizado de Christiane)

PS → Endereço:
Almirante Alexandrino 660 ap. 165
20.241 Sta. Teresa – RJ

Fone: 222-40.88
ou
222-43.35

Londres, 20.12.90

Hildinha,

acordei com uma saudade maluca de voce (sem acento, porque esta maquina tem teclado ingles...) Hildinha, a vida - graças a Deus - é tão louca. De repente estou aqui, noite fechada as 19h (anoitece às quatro), uma garrafa de vinho tinto frances aberto, a janela dando para um parque que, a esta altura do inverno, mais parece uma das charnecas de Emily Brontë. Estou em Brixton, um bairro no sul de Londres, no apartamento de meu editor Ray Keenoy - ele foi para a Italia, só volta no final de janeiro, me deixou assim tipo caseiro.

Hoje completo tres semanas aqui. Fiz uma noite de autografos com a tradução de <u>Dragoes</u>, dei umas entrevistas para radio, jornal, umas palestras, leituras. Ninguém sabe absolutamente nada de Brasil, e muito menos de literatura brasileira. Nas livrarias voce encontra Jorge Amado, Joao Ubaldo Ribeiro - e so. A Clarice, que eles gostam, está esgotada e sem perspectivas de reedição. Mas tenho falado bastante, e sempre muito em voce, no seu rompimento com a "seriedade" após Lory Lamby. Um ingles otimo - Nick Caistor - ficou muito animado, me pediu seu endereço, eu dei. Ele tem um programa sobre literatura latinoamericana na BBC, fez uma entrevista comigo, e também escreve para o Times Literary Suplement. Quer seus livros pornos, manda pra ele sem falta, o endereço é:
Nick Caistor
13 Connaught Rd.
London NW4
Ele é casado com uma moça chamada Amanda, que tambem é critica literaria - do Independent, acho - e são ambos loucos por literatura brasileira.

Acho que preciso ficar aqui ate maio. Ray, o editor - que é judeu, irlandes e super-pao-duro, como todos os editores - armou uma porção de coisas para mim, a partir de fevereiro. Europeu adora autor lendo seus textos, entao devo ir a Liverpool, a Manchester, tem mais umas coisas armadas em Londres mesmo (uma noite lendo textos com Ruth Rendell, que é uma especie de Regine Desforges inglesa...), talvez Dublin. Em março sai a primeira das duas antologias de contos da Complexe, na França. Enfim, <u>devo</u> ficar e vou ficando. Embora, no fundo, achando tudo MUITO engraçado.

Com toda essa programação, voce deve estar pensando nossa, que chique, o Cainho se arrumou na vida. Nada. O dinheiro esta acabando e, graças a Deus, na segunda - exatamente vespera de Natal - começo a trabalhar. Num restaurante, lavando pratos - que pagam bem, e eu preciso. Claro que é duríssimo, mas também é poético. E minha vida estava tão cretina no Brasil, realmente não penso em voltar logo, não. Talvez sofra um pouco, o inverno é terrível, já houve alguns dias com neve, e a solidão também, mas me sinto vivo, correndo riscos, forçado a estar atento. Uma fé enorme, e a certeza de que tudo isso é para minha evolução espiritual, para que eu me torne um ser humano melhor.

Fiz uma coisa linda. Num fim-de-semana, fui para Sussex, onde mora uma amiga que você ia adorar, Annabel Chaos, muito bruxa. Ela mora à beira do rio Ouse, que é nada menos o rio onde Virginia Woolf se matou. Monk's House, aquela casa onde Virginia morava com Leonardo Woolf - onde era a Hoggarth Press - fica ali perto. Pegamos o carro e fomos até lá. Fiquei tão comovido. É uma casa relativamente modesta, que de muitas formas - estranho - lembra a Casa do Sol, e com uma energia linda. Fiquei meio doido tocando em coisas e pensando meu Deus, Virginia Woolf deve ter tocado nisto também, refiz o caminho dela até o rio - é um rio escuro, dramático, um fio escuro no meio de uma paisagem que parece pintada a bico de pena de tão delicada - e trouxe comigo três pedrinhas que apanhei no jardim. Depois fomos a uma igreja, perto dali, que foi toda pintada por Vanessa Bell e Duncan Grant.

Por coisas assim, é bonito estar aqui. Agora, com alguns amigos, estamos tentando armar uma viagem a Cornwall, onde teria sido a corte do rei Arthur, e teria vivido Merlin, o mago. REinaldo já esteve lá, e disse que é lindo. No caminho, pode-se passar em Stonehenge, para ver aquelas ruínas druidas. Eu não sei direito o que vai ser de mim, aos 42 anos e de novo na estrada - mas quero ver todas essas coisas, tudo que cruzar pelo caminho, com olhos vorazes, famintos

Londres, meu velho karma, está muito mudada e decadente. No metro você encontra muitos velhos, crianças e punks jogados no chão com cartazes escritos "I'm hungry and homeless". Outro dia um antropologo da Universidade de Londres me disse que a Inglaterra é o mais novo país do Terceiro Mundo. Mesmo assim, é fascinante. As ruas são uma mistura louca de todas as raças - africanos, indianos, paquistaneses, latinos, japoneses, todos misturados, alguns com roupas típicas. Estranho: a Inglaterra me parece que está pagando o karma de ter devastado mil culturas durante toda a sua história. Agora foi invadida, quase não tem mais identidade. Mas a arquitetura resiste, e é incrivelmente poético ver toda essa loucura convivendo com os restos vitorianos.

Tão estranho, Hildinha, acho que te contei de uma regressão karmática qu
fiz certa vez - quando fui um poeta, aqui em Londres, que cortou os
pulsos, no fim do século passado, antes de terminar um poema. Voltei
para terminar esse poema, e de repente minha primeira tradução no
exterior é exatamente em Londres. Quando tomo nas mãos esta edição
inglesa, tenho a sensação muito nítida de que o karma está cumprido, e
de agora em diante abre-se uma nova fase - digamos assim um 0 x 0 com o
destino. Será?

Nas duas primeiras semanas, andei assustado e deprimido. Fiquei no ap.
de um amigo que estava mudando para Lisboa, ele é correspondente de
"O Globo", dormindo no chão, num sleeping-bag, no meio de caixas, num
ap. semidemolido. Agora qualquer coisa dentro de mim se soltou, e brinco
sem culpa de fazer festas pueris tipo ir ao supermercado e descobrir um
iogurte grego fantástico, uma paella em caixinha, baratíssima, que em
10 minutos fica pronta e deliciosa, tomar um ônibus e descer num
lugar inteiramente desconhecido, so para olhar as caras das pessoas e
o jeito dos lugares. Coisas assim, cotidianas. É como ser desafiado a
exercitar todos os seus sentidos novamente. Talvez esta experiencia
seja o ensaio geral para voltar ao Brasil e, como você, cair fora de
toda a loucura urbana. Eu não sei. Tenho rezado e pedido a Deus para me
apontar os caminhos e abrir os ouvidos, e os olhos, para que eu possa
seguir no rumo certo.

Mas me sinto cada vez mais brasileiro, e continuo com a certeza que
nosso país tem um AXÉ que estas terras perderam há muito. Somos
terras novas, temos futuro. Aqui o futuro é a Torre de Babel. Me sinto
só, as vezes, afinal parece que de todas as coisas o amor foi a única
que a vida - ou eu mesmo? - me negou. Se estiver no meu caminho, um
dia, ele virá. Por enquanto olho, vejo como um danado, e sinto as
vezes ate uma certa espécie de felicidade.

"Dulce Veiga" vai bem. Ray-Güde diz que a Seuil, da França, esta
interessada em editá-lo la. Ray também esta fazendo contactos com a
Suécia, Holanda, Checoeslovaquia. Talvez um dia isso dê algum
dinehriro e mais serenidade para escrever, mas por enquanto a
realidade vai ser lavar pratos nesse restaurante frances em Camden
Town, um bairro punk, e tudo isso me encanta porque pelo menos minha
vida não se tornou gorda e chata.

Acho que esta carta não chegara antes do Natal e Ano Novo, mas ela vai também com todos aqueles votos de alegria, criação, amor. Por favor, cuide bem principalmente da sua saúde, precisamos de muitas mais sacudidelas como a que você deu na literatura brasileira. A propósito, aquela entrevista para a A-Z deu muito pano pra manga, todo mundo adorou.

Por favor, vá até a figueira uma hora qualquer e faça uma oração pra mim. Preciso de muita força da terra, da terra do Brasil. Se Deus quiser, em maio estarei de volta e então, quem sabe, passarei uns dias com você para tratarmos daquela adaptação da Lory, o Gilberto continua querendo levar para o teatro.

FAça um carinho em Dante por mim, e quando cruzar com Zé, Olga e Malu diga que mando beijos. Ah, não esqueça de mandar os livros para o Nick Caistor, ele é ótimo, com um ar inglês de cão são bernardo, muito compenetrado e interessado, parecendo ser altamente perverted por trás das lentes grossas - ficou muito excitado quando falei que havia um Shakespeare porno no sseu livro. Eles são muito caretas e reprimidos, mas no fundo inteiramente doidos.

Todo amor de tantos anos do seu velhoo

Caio F.

PS--- Qualquer coisa mais urgente, o telefone daqui é (081) 674.22.77

PS2. Peça ao Pedro Paulo para dar notícias, e passe a ele o número do telefone. Se você falar com o Antonio Marron. gosto muito dele. dê meu endereço.

mágico, com a insígnia HH, 1890 no topo. Hilda jurava que achou o portão num brechó das redondezas; coisa de vidas passadas. A casa, novinha, o jardim recém-plantado, bem antes de crescer ali a floresta que hoje circunda a casa. Só a figueira centenária, que também se revelaria mágica, já estava lá, e Hilda escolheu fazer a casa perto de sua sombra. Ao pé do tronco construiu uma mesa e uns bancos de pedra, muito sólidos; e todos repetem até hoje a piada que Jô Soares, amigo de Hilda, teria quebrado a mesa ao meio, ao sentar-se nela. Mesmo rachada, lembrava um dólmen ancestral.

Ana Lúcia lembra que Caio era muito tímido, mas Hilda, feiticeira que captava a essência das pessoas, fazia com que todos ficassem à vontade em sua casa. Ele logo se encantou com a hospitalidade generosa da escritora, de Dante, e de todos os amigos que veio a conhecer através deles. Sempre quis ser um mago, e viveu então uma experiência mística e quase psicodélica: vibrou com todas as formas de ocultismo que ela praticava livremente, desde sessões de mesa branca, até ouvir vozes de pessoas mortas em transmissões de rádio, passando por visões de espíritos, o que realçava a aura de mistério que sempre a circundou.

Um dos programas favoritos de Caio e Hilda na Casa do Sol, fruto da veia mística que os uniu, era um ato de incorporação espírita em que ele dizia estar se comunicando com o poeta Garcia Lorca, por quem ambos eram apaixonados. Ana assistiu a uma dessas evocações apresentadas aos amigos; cética, achou tudo meio teatral, mas preferiu não dizer nada a eles.

Dante Casarini seria o único oficial dos muitos companheiros que Hilda teve pela vida afora, e quando Caio chegou à Casa do Sol, o casal recebia amigos e pupilos numa espécie de *open house*, feito sob medida para intelectuais e artistas. A essas alturas ela já havia publicado vários livros de poemas, recebido prêmios, críticas positivas, mas nunca chegaria a alcançar grande sucesso de público, o que sempre a incomodou muito, uma vez que tinha certeza de seu talento.

Foi chamada de "o melhor escritor brasileiro" por Léo Gilson Ribeiro, seu grande amigo, mas que a criticaria duramente nos anos

1990, quando Hilda, cansada de ser incompreendida, decidiu escrever pornografia. Caio, que sempre a apoiou, me contou, em tom irônico, que ela havia virado uma concorrente de Cassandra Rios, escritora conhecida por textos pornográficos.

Tida como difícil e intratável por alguns, Hilda era divertida e acessível entre amigos. Caio se encantou com ela, e foi retribuído. Ela era uma mentora irresistível, ele não ficava atrás: esguio como um galgo, talentoso, esforçado, era o perfeito aprendiz. Um garoto de voz fina e olhos tristes que queria ser escritor. Hilda o convida para morar na Casa do Sol. Ele aceita, pleno de felicidade.

A amizade entre Caio e Hilda foi instantânea, à primeira vista, como irmãos que se reconhecem depois de muito tempo a se buscar. Tinham senso de humor, sabedoria para rir de si mesmos, e sofridos na infância, criaram laços de afeto que duraram até o fim da vida. Ambos seriam eternamente assim, sedutores incansáveis, viviam apaixonados, nem sempre retribuídos. Logo de cara, eles revelaram um ao outro, sem reservas, tudo o que sentiam e pensavam, e continuaram confidentes pela vida afora. Sabiam tudo da vida um do outro.

E não largavam o cigarro. Tanto Caio quanto Hilda foram fumantes convictos até o fim de seus dias. Ele assumia em seus escritos que o cigarro era um consolo, quase uma companhia:

> Lembro que naquela manhã abri os olhos de repente para um teto claro e minha mão tocou um espaço vazio a meu lado sobre a cama, e não encontrando procurou um cigarro no maço sobre a mesa e virou o despertador de frente para a parede e depois buscou um fósforo e uma chama e fumei fumei fumei: os olhos fixos naquele teto claro. Chovia e os jornais alardeavam enchentes. Os carros eram carregados pelas águas, os ônibus caíam das pontes e nas praias o mar explodia alto respingando pessoas amedrontadas. A minha mão direita conduzia espaçadamente um cigarro até minha boca: minha boca sugava uma fumaça áspera para dentro dos pulmões escurecidos: meus pulmões escurecidos lançavam pela boca e pelas narinas um fio de fumaça em direção ao teto claro

onde meus olhos permaneciam fixos. E minha mão esquerda tocava uma ausência sobre a cama.[15]

Quanto a Hilda, se não incluía o cigarro entre seus personagens, impressionava amigos e visitantes por estar sempre com um cigarro na mão, a ponto de inspirar o jornalista Gutemberg Medeiros a escrever a crônica "Hilda sem filtro" para o jornal da USP (agosto de 2016), em que dizia:

> Voltando à imagem da Hilda com cigarro sempre à mão, pode-se dizer que ela era sem filtro em todos os sentidos. Uma de suas marcas era falar o que queria na cara de quem fosse o que implicou na acidentada trajetória de exposição de sua obra tanto em editoras quanto no jornalismo. Ainda era sem filtro especialmente em sua prosa, ao trabalhar com os grandes temas existenciais humanos, sem concessões de ordem alguma.[16]

Caio não conhecera ninguém assim antes. Hilda não fazia concessões, e para conciliar seu hábito de dizer tudo o que pensava com o comportamento dos habitantes da Casa do Sol às vezes precisava intervir no andamento da sinfonia doméstica para que a convivência não saísse do tom. Ao longo da história, há relatos de brigas homéricas, mas nunca maiores do que as alegrias.

A estada de Caio teve um início tranquilo, ele se dava bem com o casal e com os amigos frequentes, mas depois de alguns meses aconteceu um desentendimento com Dante, que nenhum dos dois conseguiu superar completamente. Diz a lenda que num fim de noite sombrio, quem sabe depois de alguns drinques, Dante, enciumado da intensa amizade que se desenvolvia entre Hilda e Caio, berrou com ele, chamou-o de perverso, doente, veado. Caio chorou muito, arrumou as malas e foi embora, triste. Voltou para a casa dos pais. Escreveu à amiga:

---

15. "Iniciação". *O ovo apunhalado*. Porto Alegre: Globo, 1975.
16. Disponível em: <jornal.usp.br/artigos/hilda-hilst-sem-filtro>.

Como estou falando claro, Hildinha, vou falar mais claro ainda: tu me pediste que eu escrevesse uma carta muito terna para o Dante. Eu não posso fazer isso. Não que sinta raiva dele, não que o despreze, não se trata disso. Desculpo as coisas (horríveis) que ele me disse aquela noite, desculpo ele, entende? O que não desculpo é que, dizendo aquilo, o Dante de repente revelou-se um puro exemplar de uma sociedade sórdida e intolerante, moralista e decadente. Preste atenção: eu não estou chamando o Dante de sórdido, intolerante, moralista e decadente. Estou chamando a sociedade disso. A sociedade em que eu fui criado, em que tu foste criada, em que ele e todo mundo foi criado. Apenas, Hilda, eu (e tu também) tive coragem, o peito, a raça (esse orgulho ninguém me tira) de romper com essas podridões e aceitar em mim um tipo de amor, um tipo de necessidade e de afeto, e mesmo de vida, contrários às normas usuais. Eu estou consciente dos porquês disso, das responsabilidades disso, de tudo. Eu estou SOBRE a sociedade: o Dante, dizendo aquilo, revelou-se DENTRO dessa coisa nojenta, dominado por preconceitos, por tabus. Mas compreendo: ele não tem condições de libertar-se, ele não sabe o que significa isso. Ele é simples, sem angústias, sem neuroses. Deve ser bom ser como ele. Mas no momento em que ele me chamava de veado e de doente, quem estava tentando me agredir não era ele, mas uma sociedade burguesa e nauseante que não tem o direito de me fazer críticas, porque sou superior a ela, porque ela não tem condições de me julgar, nem condições nem direito, nem nada. Foi uma violência absurda, grossa e grotesca, deplorável, ridícula, nojenta. Eu estou contra isso. E não estou sozinho. Eu aceito e gosto imensamente do Dante como ser humano; mas o detesto como ser social – compreendes?[17]

---

17. Carta inédita de Caio para Hilda, publicada neste livro.

Amor, infância, sóis e sombras

> Quando você fala da terra, não é do teu jardim que você fala, mas dessa terra que está dentro de todos, que quando você fala de um rosto, você não está falando do seu rosto, mas do rosto de cada um de nós, do rosto que foi estilhaçado e se dispersou em mil fragmentos, do rosto que você procura agora recompor. Você pensa que falar sobre tudo isso adianta alguma coisa? Hi, hi, hi, ha, ho, hu.
>
> HILDA HILST

A colaboração literária entre Caio e Hilda nasceu logo nos primeiros dias da Casa do Sol, com ele datilografando noite adentro textos que ela ditava e ele gravava. No dia seguinte, faziam leituras em voz alta, corrigiam, editavam, consultavam espíritos, discutiam questões filosóficas, investiam em amores vãos, falavam mal das telenovelas e de inimigos em comum. Acima de tudo dividiam a sina de se atirar ferozmente às palavras. Foi uma sintonia fina que produziu grandes obras, mas que *vezenquando* (expressão que, se não inventaram, usavam sem parar, ambos viviam a criar neologismos) soltava faísca e provocava incêndios.

Entre suas inúmeras afinidades, Caio e Hilda cultivavam o dom de fazer amigos. Na primeira estrofe do poema "Dez chamamentos ao amigo", ela revela a importância dos amigos e naquele momento, também de Caio, em sua vida.

> Se te pareço noturna e imperfeita
> Olha-me de novo. Porque esta noite
> Olhei-me a mim, como se tu me olhasses.
> E era como se a água desejasse

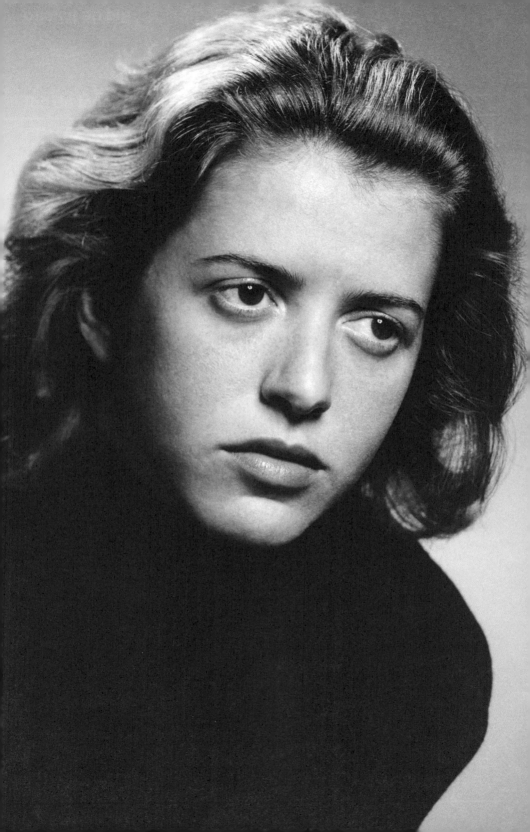

> Escapar de sua casa que é o rio
> E deslizando apenas, nem tocar a margem.
> Te olhei. E há tanto tempo
> Entendo que sou terra. Há tanto tempo
> Espero que o teu corpo de água mais fraterno
> Se estenda sobre o meu. Pastor e nauta
> Olha-me de novo. Com menos altivez.
> E mais atento. [...][18]

Ambos eram explosivos, como chuvas de verão, e quando vinha a calmaria sabiam perdoar, mandar flores, bilhetes, fazer serenatas, pedir perdão. Eram bons nisso. Íntimos de outras vidas, eram como bichos da noite, morcegos famintos, escorpiões destilando venenos, inebriados de álcool, rindo sem parar, sempre se revezando no papel de mestre e aprendiz, como é de praxe nos encontros de grandes almas. Adoravam provocar uma briga apenas pelo *frisson* de fazer as pazes depois.

Anfitriã perfeita, Hilda sempre sabia preservar para si mesma e para seu pupilo a solidão necessária ao ato de escrever. Por mais porra louca que sua vida pudesse parecer, a escritora tinha disciplina e uma rotina firme de trabalho na qual Caio logo foi incluído.

Ela acordava às seis da manhã, saía da cama por volta das sete e meia, e depois do café ia para o escritório onde trabalhava até a hora do almoço. O desjejum era servido numa mesa de madeira estrategicamente colocada debaixo de um dos arcos do pátio interno, em cujo centro havia um poço.

A imagem do poço era recorrente na literatura de Caio. Quando criança, uma de suas irmãs caçulas, brincando, caiu dentro de um e foi salva por um vizinho. A partir desse episódio marcante em sua infância, ele escreveu pelo menos dois contos com esse tema: "Os poços", publicado no livro *O ovo apunhalado*, de 1975; e "Mas apenas

---
18. *Júbilo, memória, noviciado da paixão.* São Paulo: Globo, 2001.

e antigamente guirlandas sobre o poço", de 1971, que ele mesmo dizia ser um dos mais estranhos que já escreveu. O segundo sairia no jornal *Correio do Povo*, mas foi retirado por conta da censura de *O ovo apunhalado*, e só foi publicado em 1995, em *Ovelhas negras*.

> Ainda que dentro de mim as águas apodreçam e se encham de lama, e ventos ocasionais depositem peixes podres nas margens e que todos os avisos se façam presentes nas asas das borboletas, nas folhas amareladas dos plátanos que devem estar perdendo folhas lá bem ao sul. Ainda que você me sacuda e diga que me ama, e que precisa de mim, ainda assim eu não sentirei o cheiro podre das águas, meus pés não se sujarão de lama, meus olhos não verão as carcaças entreabertas de vermes nas margens e eu matarei todas as borboletas, eu cuspirei em todas as folhas amareladas dos plátanos, eu te afastarei com gesto mais duro que eu conseguir e te direi, duramente, que o teu amor não me toca, nem me comove, que a tua precisão de mim não passa de fome e que você me devoraria como eu devoraria você, se ousássemos.[19]

De volta ao pátio da Casa do Sol, a vista não alcançava além das telhas cor de ocre projetadas no beiral, o que criava uma ilusão intimista de isolamento do mundo. Hilda e seus hóspedes se sentavam em bancos de madeira ao redor da mesa. A louça inglesa (e os faqueiros de prata) de Hilda foi aos poucos sendo substituída por pratos e copos feitos de barro cozido, e ela ficava muito irritada quando faziam piada ironizando seu "voto de pobreza". Como lembra Antonio Naud:

> A residência da poeta não tinha tapetes no chão, nem cortinas nas amplas janelas. O fungo desenhava mapas miúdos nas paredes. Floresta majestosa de livros, papéis, lápis coloridos, canetas orientais, cristais, caixas, arcas, armários coloniais e uma lareira habitada por morcegos. No jardim, palmeiras, mangueiras e uma figueira centenária, que atendia

---

19. *Ovelhas negras*. Porto Alegre: Sulina, 1995.

súplicas. Compromissada com presságios e premonições, entre viagens astrais e prognósticos, a majestosa senhora enxergava bolas douradas e nebulosos vultos de lábios violáceos em trajes de época. Quando não estava aborrecida, em noites de finíssimo timing cômico, Hilda recordava o passado frenético, cavando um fosso entre lenda e realidade.[20]

Desde que se mudou para Campinas e abandonou a vida urbana, Hilda passou a prender os cabelos num coque singelo e a usar túnicas largas de algodão para esconder o corpo, numa tentativa de impedir que a beleza interferisse em sua realização como escritora, "cansei de ser bela", diria a alguns.

A inspiração e a transpiração começavam cedo: todos os moradores da casa comentavam seus sonhos e trocavam ideias, à mesa, ou recostados nas varandas, como numa sessão de terapia de grupo, muito em moda na ocasião. Hilda fazia perguntas, pedia ajuda para terminar uma história, construir uma personagem. Caio adorava tudo isso. Muito focada em relação à escrita, sua rotina espartana se iniciava solitária num amplo escritório, onde ela passava horas a ler e escrever, sozinha: só os cães circulavam livremente. Saía pelo sítio para passear com eles e voltava à tardinha para a máquina de escrever.

O jantar era servido cedo, e em noites de saraus as leituras eram feitas à luz de um lampião de querosene, quando ainda não havia luz na casa. Dormiam por volta das dez da noite. Com o passar do tempo e a chegada da luz elétrica, a rotina foi mantida, mas os horários de dormir e acordar foram se invertendo: na maturidade, a vida na Casa do Sol passou a ser mais boêmia.

Caio foi o primeiro hóspede da Casa do Sol, virou assistente de Hilda, viveu intensamente o momento. Tinha acesso a alguns lugares que só os dois frequentavam, espiritualmente, sensos de humores, segredos. Ganhou uma salinha nos fundos da casa, que ele apelidou de "adendo" onde tinha a sua privacidade; passava horas a escrever. Era tudo o que queria.

---

20. Entrevista à autora deste livro.

Nisso os dois eram idênticos: reclusos, viviam a inventar e reinventar a escrita na forma e no conteúdo. Foram cúmplices no amor à palavra e em suas respectivas obras denunciariam a repressão, a morte, e a violência de uma sociedade que varria para debaixo do tapete a tortura, os presos, os pobres, os diferentes. Denunciavam isso, veementes. O professor da Universidade de São Paulo (USP) Paulo César de Carvalho definiu com muita precisão o lugar da obra de Caio:

> Woody Guthrie, guru de Dylan e dos músicos de protesto, escreveu em seu violão folk: "arma de matar fascistas". A máquina de escrever de Caio F. era uma arma contra toda forma autoritária de poder. Sua obra vista em seu conjunto é uma espécie de "barricada invisível" contra toda forma de preconceito, de ódio, de intolerância: seus contos, suas novelas, suas peças, suas cartas, seus romances são um antídoto contra qualquer manifestação de tirania.[21]

Num de seus primeiros trabalhos, de fato, Caio desafiou o regime militar. Em *O ovo apunhalado* acusava a ditadura de destruir nossos sonhos, apunhalados em plena gestação. O livro foi censurado, proibido, mas finalmente acabou sendo lançado.

Politicamente corretos, loucos, belos e iluminados, Caio e Hilda logo flertaram com as estrelas, compararam mapas astrais, e foi ele quem revelou à escritora que ela possuía um importante trígono em água formado por Júpiter em Câncer, Saturno em Escorpião e Netuno em Peixes. O trígono chamado de "Trindade da alma" era responsável por seu intenso carma pessoal.

Taurina, com ascendente em Capricórnio, pés na terra, ela dizia: "Segundo os astrólogos, no meu mapa astral há a chamada 'trindade da alma', e isso quer dizer que eu recebo no peito, como um soco, as múltiplas dores do mundo."[22]

---

21. "16 anos sem Caio Fernando Abreu", de Paulo César de Carvalho, publicado em 7/2/2012 em: <http://www.musarara.com.br/16-anos-sem-caio-fernando-abreu>.
22. *Cadernos de Literatura Brasileira: Hilda Hilst*. Instituto Moreira Salles, outubro de 1999, número 8.

Um soco no peito e as múltiplas dores do mundo: foi exatamente o que Hilda sentiu ao ler *Limite branco*, romance de formação de Caio. Escrito em 1967, finalizado na Casa do Sol, e publicado em 1970, o texto foi lido, relido e rebatizado por Hilda, que fez várias outras sugestões. Não por acaso, a epígrafe do livro é dela:

> Este é um tempo de silêncio. Tocam-te apenas. E no gesto te empobrecem de afeto. No gesto te consomem. Tocaram-te nas tardes, assim como tocaste, adolescente, a superfície parada de umas águas? Tens ainda nas mãos a pequena raiz, a fibra delicada que a si se construía em solidão?[23]

Coisa de gente atenta ao sobrenatural. Caio e Hilda exibiam, orgulhosos, a conexão direta que evocavam com o universo dos espíritos, com o desconhecido, com aquilo que não tem nome, que não se pode explicar. Sensível e atenta na percepção do outro era Hilda, voluntariosa no trato e cheia de ideias. Transformou sua casa no interior de São Paulo num retiro espiritualizado e ao mesmo tempo frenético de poetas, artistas, escritores e intelectuais. Antonio Nahud Júnior, relembra:

> A enigmática Casa do Sol é uma residência despojada, de inspiração andaluza, com pátio interno central. Rodeando a construção, uma variedade de árvores. Entre elas, uma figueira centenária, a preferida da escritora. "Sou poeta", confessei com pudor no nosso primeiro encontro. "Ser poeta é algo elevado, difícil...", respondeu rindo com extravagância. Desde então, nos tornamos íntimos. Enamorado por sua inteligência incomum e comportamento liberal, deixava-me embalar pela sua voz rouca de dicção perfeita lendo Ovídio, Petrarca, John Donne, Shakespeare, Jorge de Lima, Oscar Wilde e, por fim, Henri Michaux. À noite, víamos a telenovela do horário nobre global, acompanhados por um excitante uísque escocês e intermináveis gracejos de saudável loucura. Estive ao seu lado

---

23. *Limite branco*. Rio de Janeiro: Expressão e Cultura, 1971.

durante a feitura de *Do desejo* (1992), numa movediça e fugaz satisfação. Nada esgotava o seu arsenal de palavras, num consciente delírio verbal que explodia todas as fronteiras do dizer.

Hilda era falante, festeira, adorava cantar em público e, quando encontrava quem a acompanhasse ao piano ou ao violão, varava noites, afinada. Passava dias cantarolando fados portugueses que aprendeu com a mãe e músicas francesas que ensinou a Papette, o papagaio que se acomodava com segurança no seu pulso e vivia solto pela casa.

Diva assumida, detestava dividir o palco com quem quer que fosse. Não gostava de conviver com outras mulheres e teve poucas amigas, escolhidas a dedo, como Ana Lúcia Vasconcelos, Marilda Pedroso, Olga Bilenky e Lygia Fagundes Telles, que era *habitué* de fins de semana, festas de final de ano. Lygia relembra a grande amiga:

> Hilda tinha uma beleza de Ingrid Bergman acrescida da sensualidade de Rita Hayworth. A mais bela entre as mais cortejadas mulheres de São Paulo. Além de bacharel em Direito, lia muito, era culta e ainda por cima escrevia bem. Conheci Hilda em 1949, numa festa em que eu estava lançando um livro na casa Mappin, onde serviam almoços e chás famosos, o bar era frequentadíssimo. Eu estava conduzindo a bela Cecília Meireles (usava um turbante negro de estilo indiano) para a cabeceira da mesa quando me apareceu uma jovem muito loura e fina, os grandes olhos verdes com uma expressão decidida. Quase arrogante. Como acontece hoje, eram poucas as louras de verdade, e essa era uma loura verdadeira, sem maquiagem e com os cabelos presos na nuca por uma larga fivela. Vestia-se com simplicidade. Apresentou-se: Sou Hilda Hilst, poeta. Vim saudá-la em nome da nossa academia do Largo de São Francisco. Abracei-a com calor.[24]

---

24. *Cadernos de Literatura Brasileira: Hilda Hilst*. Instituto Moreira Salles, outubro de 1999, número 8.

Cortejando duas deusas nos jardins da Casa do Sol, Caio começou finalmente a se libertar da obsessão que sentiu desde muito jovem pela musa Clarice Lispector. E se a sagitariana Clarice era volátil chama, Hilda era puro chão. Dante, um guardião. Logo nos primeiros meses o rapaz escreveu em seu diário:

> O amor me angustia com sua possibilidade de nunca ser existido por mim. Hilda é tão bonita, tão limpa. Parece uma camponesa eslava vinda da terra, forte e simples. Como um vento. Um rio. Qualquer coisa doce e ao mesmo tempo segura. E Dante o irmão, a segurança, o braço. Os olhos mansos, o coração constantemente aberto, as mãos disponíveis, os pés na terra. Como os amo, como os quero em tranquilidade de ter e de me saber ressoando neles talvez da mesma maneira. Eles me são essenciais como a casa que não tenho como os pais que não me entendem como os irmãos que não me atingem. São minha segurança. Minha paz. Eu os quero com a minha parte maior.[25]

Viver com eles era fazer parte de uma irmandade, quase um Olimpo. Quando conheceu Lygia, que também se tornaria uma amiga para toda a vida, Caio se encantou com sua nobreza, sua beleza altiva e serena. Lygia diz:

> Éramos como irmãs. A Casa do Sol era linda. Eu ia a todos os fins de semana. Lá se reuniam os escritores mais importantes. Pessoas que amavam a palavra, a poesia, o texto, a literatura. Não era só uma casa festeira. Era concentrada. Eu me lembro de sentar debaixo da figueira com a Hilda e os cachorros. Frequentei até a morte dela.[26]

Lygia faria o prefácio do livro de Caio, *O ovo apunhalado*, que foi finalmente publicado em 1975, e estaria próxima dele até o final. Foi

---

25. Acervo da PUCRS – Delfos.
26. Ibidem.

a primeira a defini-lo como o "escritor da paixão", e ele completava, dizendo que também era um "biógrafo da emoção", expressão que nasceu de uma conversa com seu psicanalista.

Em meado dos anos 1980, deprimido com uma crítica negativa a *Os dragões não conhecem o paraíso*, Caio discorria com seu analista sobre a fragilidade da profissão de escritor no Brasil, um país onde se publica e se vende poucos livros, quando aquele o interrompeu dizendo que biografar a emoção era justamente a principal função da sua escrita.

> Aí ele me falou assim: mas os escritores, os ficcionistas e os poetas são os biógrafos da emoção. Se alguém, no ano de 2010, quiser saber o que as pessoas sentiam nos anos 1980, ele não vai ler a *Veja*, o *Estado de São Paulo*, o *Jornal do Brasil*; ele vai pegar a ficção, os poetas. Você tem que estar consciente de que a tua função social é fazer esta biografia do emocional. Aí a ficha caiu e eu comecei a me sentir meio útil de novo.[27]

Foi Hilda quem apresentou Caio a Lygia e lhe abriu as portas para um mundo povoado por Drummond, Pessoa, Rilke, Kafka, Heidegger, Sartre, Hegel, Jung, Freud, Edith Stein, George Bataille, Ionesco, Genet, Beckett, Simone de Beauvoir, Wittgenstein, Thomas Mann, Tolstói, todos. Desde pequeno, Caio fuçava a biblioteca do pai, território muitas vezes proibido aos filhos. Mas com Hilda tinha total liberdade de devorar sua imensa coleção de autores e a oportunidade de discutir com ela grandes obras, privilégio que o jovem adorava. Ouvir, ser ouvido, Caio era bom nisso.

Voltando ao início de tudo, quando ele e Ana Lúcia foram despedidos da revista *Veja* antes de completar um ano de trabalho, ela voltou para Campinas, e Caio foi viver na fazenda de Hilda para escapar da repressão; mas a verdade é que, num gesto poético, ele seguiu seu des-

---

27. GUIMARÃES, Josué. *Autores gaúchos*. Rio Grande do Sul: Instituto Estadual do Livro, 1988.

tino de escritor. "Desempregado, fugindo da polícia e da vida cinzenta de São Paulo", seu primeiro personagem na Casa do Sol escolheu viver perto da poesia libertária de Hilda.

Profundamente mística, ela dizia ouvir vozes do além, que gravava compulsivamente. É história bem conhecida, contada por José Castello:

> A escritora montou em sua casa um equipamento de radiofonia destinado a captar, através das ondas de rádio, mensagens emitidas por mortos e alienígenas; a experiência se iniciou nos anos 1970, inspirada nas pesquisas do músico suíço Friedrich Jungerson, que publicou um livro sobre o assunto, *Telefone para o além*. O caso foi parar no *Fantástico* do dia 18 de março de 1979. Em certa passagem dos dez minutos de reportagem, Hilda diz o seguinte: "Eram mais ou menos 11 horas da noite, estava tocando uma música e de repente aparece o meu nome nessa fita. A cantora, em vez de dizer o que teria eventualmente de dizer, diz: 'Hilda, *tu es près de mois*' (Hilda, você está perto de mim)."[28]

Ela acreditava que tinha gravado a voz da própria mãe, já falecida. Não se sabe a razão de a voz surgir em francês e não em português, mas na reportagem um psicólogo explicou que se tratava de um fenômeno psíquico, em que Hilda teria gravado a própria voz, sem perceber, explicou. *Se non è vero, è ben trovato*, eu diria.

Mas na real, conviver com as loucuras e as pequenas manias de uma nova musa era um exercício de paciência para o jovem autor, como se pode ver em algumas passagens do seu diário da época. Ele lhe mostrava tudo o que escrevia, e Hilda, que nunca teve papas na língua, dizia o que lhe vinha à cabeça, nem sempre era delicada, às vezes podia ser inesperadamente dura e ríspida, fazendo observações que iam do texto ao caráter do rapaz. Ele escreve em seu diário:

---

28. CASTELLO, José. *Inventário das sombras*. Rio de Janeiro: Record, 1999.

> 12 de setembro 4 horas da manhã
> Aniversário. Hilda, Dante, Nélida, Miriam, Jacqueline, Ninita , Helio Eichbauer, Martim Gonçalves, vazio, Teresópolis, domingo. Nunca mais terei 20 anos. Deus, é terrível. 13 de setembro
> Me sinto muito ferido. Hilda foi dura. Disse que as pessoas me acham CHATO, PEDANTE, ANTIPÁTICO, ORGULHOSO, INSUPORTÁVEL etc. Isso dói muito, muito mesmo. Eu gostaria de morrer agora. Tenho medo de tudo.

Para Caio, trabalhar e morar com Hilda foi como um corte definitivo da adolescência, uma espécie de vestibular de maioridade literária; ele foi seu secretário, ela foi seu primeiro caso de amor nas letras. Ele, que adorava inventar nomes, a apelidou logo de Unicórnia, mas vivia criando novos, ela adorava e o chamava de Koyo ou Lázaro, e sempre se referiu ao novo pupilo de forma elogiosa, dizendo a todos que era extremamente disciplinado e dedicado ao processo da escrita.

Escrever não era fácil para nenhum dos dois, aliás, não há escritor que admita escrever com facilidade. Hilda confessava sofrer diante da folha em branco: transpirava, pedia proteção aos deuses, alisava as fotos de Kafka que ficavam diante de sua mesa de trabalho, suas pedras de ágata, enfim, os objetos queridos, dotados para ela de alguma magia particular. Mas isso só depois de todo um ritual de leituras, semanas, meses, anotando ideias de ensaios filosóficos, políticos, metafísicos, textos que possuíam o dom "de excitar seus neurônios", como costumava dizer. Hilda era sistemática, disciplinada, e comentou sobre seu processo criativo com Ana Lúcia Vasconcelos:

> Eu tenho uma pulsação meio difícil de traduzir; o tempo todo olhando as coisas, de manhã, de tarde, de noite. Penso o tempo todo, e então acho tudo um absurdo. Acho a vida uma coisa absolutamente espantosa e fico tentando um equilíbrio entre o plano mental e emocional, numa quase vertigem passional diante do mundo. Enquanto a coisa está no cotidiano me perguntando sobre a vida, a morte, eu vou indo muito tensa e muito desconfortavelmente. Mas chega um momento em que

é preciso escrever senão tudo vai ficando cada vez pior dentro de mim. É neste momento que sinto um medo muito grande de não saber traduzir a singularidade deste estado tensional, de conseguir uma linguagem paralela a este estado tensional.[29]

Caio também falava do gosto amargo de sua vocação: "Escrever é uma destinação irrecusável, triste e terrível de vários pontos de vista, você sabe."[30]

Tristeza, vocação, destino, muitas afinidades. Na ficção, os dois escreviam histórias que tinham vários narradores, personagens loucos que se apossavam dos textos, que tinham nomes curiosos e conviviam numa Babel de línguas.

Caio e Hilda também usavam e abusavam da ironia, com uma autocrítica muitas vezes cruel. E fútil!, completava Caio. Embora não fossem artistas plásticos, os dois tinham algum talento para desenhar. Hilda rabiscava muito, com lápis e esferográfica, num estilo conhecido como *doodle*, quase sem tirar a caneta do papel. Caio também cometia alguns belos rabiscos ao fazer cálculos das efemérides dos mapas astrais.

---

29. Entrevista com a jornalista Ana Lúcia Vasconcelos para a revista eletrônica *Vita Breve*.
30. Carta inédita de Caio para Hilda, publicada neste livro.

Deus, a morte e o ato de escrever

> [...] você não sabe que eu preciso de solidão e de silêncio, que eu tenho muitas coisas dentro de mim, mas que essas coisas também precisam de solidão e de silêncio para virem à tona, você não vê que é inútil você ficar tocando no meu corpo, que é inútil, que eu tenho vontade de ter asas, que o meu fogo é para outra coisa, meu Deus, para outra coisa, meu Deus, um outro fogo.
>
> HILDA HILST

A principal afinidade entre e Caio e Hilda era uma espécie de irmandade secreta que vinha da infância: ela era filha única e tinha a mania de ficar sozinha, não brincava com as outras crianças. Era atlética, praticava saltos em distância e altura; não gostava de partilhar suas brincadeiras com ninguém, mas também não ficava fechada em casa. "Eu tinha mania de examinar os bichos pequenos, os insetos, olhar as árvores, as plantas. Era observadora e curiosa, perguntava muito. Até hoje eu não perdi a necessidade de perguntar", disse a autora em entrevista a Ana Lúcia Vasconcelos.

Caio também foi um menino solitário, primogênito, predileto da mãe. Sensível e calado, teve uma infância de poucos amigos, com os quais dividia atração precoce por música, cinema, literatura e filosofia. Embora não fosse filho único e amasse os irmãos, afetuosos até o fim, sempre pairou acima deles, como, aliás, acima de todas as pessoas do mundo, era um tipo inatingível. Não o fazia com um ar de superioridade, era como se Caio levitasse, andasse nas nuvens mesmo. Precisava desse distanciamento.

Tanto Caio quanto Hilda viviam como os grandes artistas que se atiram à sua obra sem reservas, num universo imaginário, misto de passado e presente, engendrando personagens fictícios inspirados em pessoas reais, criando ao redor deles desenhos de luz e sombra, doçura e crueldade, transformando em palavras as contradições da alma. Tinham a sensibilidade à flor da pele e um temperamento exaltado que liberavam sem medo.

Parceiros de ofício, se empenhavam juntos em novos projetos: o romance de formação de Caio, *Limite branco*, que foi revisado e titulado por Hilda, é considerado um dos melhores livros brasileiros sobre a adolescência. Segundo o escritor Italo Moriconi:

> (...) podemos ver em cada página que o jovem autor já tinha lido e assimilado artisticamente Clarice Lispector, Graciliano Ramos e não por acaso, o livro traz epígrafe de Hilda Hilst, e a última coisa que podemos dizer da escrita de Hilda é que seja adolescente. Nada mais adulto que a literatura de Hilda Hilst. Quem sabe o apego de Caio por ela – inclusive como pessoa e mentora – não estivesse no modelo de adultez que ela lhe trazia? Um modo de ser adulto que não fazia concessões ao convencionalismo pequeno-burguês.[31]

Outra faceta de Hilda era o afeto incondicional que tinha pelos cães: "Eu sempre me identifico com a vítima, talvez por isso ame tanto os cães... me sinto uma cachorra abandonada", dizia.[32]

Recolheu pelas ruas centenas de *perros* famintos de muitos tipos e pouquíssima raça, aos quais dava nomes prosaicos como: Aninha (ela teve várias, cada vez que uma Aninha morria, outra era batizada); Pipoquinha; Carlota; Tuta; Dodô; Krushev; Caiçara (resgatada na praia); Raí; Falcon; Passarinho; Rutileia; entre outros. Cada cão tinha sua história, sua personalidade, e Hilda escreveu poemas à lealdade deles, viu o mundo através de olhos caninos, comparou-os aos homens e sempre preferiu os cães. Caio se afeiçoou a eles a ponto de considerá-los parte da família:

---

31. *Limite branco*. Rio de Janeiro: Expressão e Cultura, 1971.
32. *Caderno de Literatura Brasileira: Hilda Hilst*. Instituto Moreira Salles, outubro de 1999, número 8.

Sofri a morte da Preta. Mas tu podes estar certa que, no que depender da minha lembrança, ela ficará para sempre naquele limbo gostoso para onde os animais vão. Deve ser bom para ela, lá. Mais do que aqui. Agora já não tenho filha, estou de novo sozinho.[33]

Caio gostava de bichos e identificou-se com o abandono da cadela soviética Laika, lançada ao espaço a bordo da nave soviética Sputnik, em 1957, famosa por ser o primeiro ser vivo a orbitar o planeta. Quando estava triste, sozinho e sem dinheiro, dizia sentir-se "uma Laika". Teve um gatinho que batizou de Onírico Saturno e montou em casa uma espécie de galinheiro virtual em cima da geladeira com pequenas galinhas de louça, madeira, vidro e papel machê que ganhava de amigos. Essas galinhas, ou frangas, como preferia chamá-las, também teriam nomes próprios (Blondie, Juçara, Ulla, Otilia) e viveriam histórias deliciosas que ele relatava a todos os que o visitavam, e que foram imortalizadas no livro infantojuvenil *As frangas*, lançado em 1988.

Cães e franguinhas à parte, os dois nadavam contra a corrente e ironizavam de forma cortante sua fama de malditos. Numa carta escrita em Londres, em de janeiro de 1974, Caio avisa à amiga:

> Uma notícia: um conto meu que saiu numa antologia do suplemento de Minas Gerais foi apreendido pela censura, considerado erótico e subversivo e, finalmente, proibido. Saiu na *Veja*. Fiquei feliz: enfim, parece que virei mesmo um autor maldito.[34]

Inconformados, malfalados, Caio e Hilda não davam bola para a torcida; escreviam contra a mediocridade e usavam a palavra como uma arma, um instrumento para denunciar em seus textos a dureza da vida; a violência da repressão; a ignorância de uma sociedade que sempre varreu para debaixo do tapete a tortura, a corrupção, a dor.

---

33. Carta de Caio para Hilda, acervo Paula Dip.
34. Carta de Caio para Hilda, acervo Paula Dip.

E a morte. Para Caio e Hilda, a morte foi uma presença constante. Os dois cultivaram desde a infância uma preocupação com o fim da vida, com a figura de Deus e com o sentido da existência.

> Somos iguais à morte. Ignorados e puros.
> E bem depois (o cansaço brotando nas asas)
> seremos pássaros brancos à procura de um deus.[35]

Hilda viveu a ruptura familiar desde muito cedo, e Caio, apesar de ter tido uma família afetuosa e estável, foi para um internato em Porto Alegre, aos 15 anos, para fugir de uma cidade onde era considerado "diferente", e só voltou a viver definitivamente na casa dos pais aos 45, depois de descobrir que tinha Aids.

Caio era depressivo de carteirinha, hoje seria tachado de bipolar, tinha altos e baixos a cada nova fase de vida. As experiências de mudança de idade, por exemplo, eram vividas com um claro impulso suicida, quase teatral. E embora ameaçasse o suicídio desde muito cedo, em cartas que enviava do internato à mãe, ele nunca tentou se matar, e ficou chocado com o suicídio da amiga Ana Cristina Cesar, em 1983. "Como pôde fazer isso, se tinha a literatura?", comentou com os amigos. Caio viveu e escreveu seu caminho até o fim, e no final da vida, com o teste positivo para o HIV, mudou da água para o vinho: "Agora que sei que vou morrer, amo muito a vida",[36] revelou à amiga Lya Luft.

Já Hilda detestava a ideia de suicídio. Amava a vida sofregamente e de forma quase dolorida. Antonio Naud Júnior acredita que ela "viveu desde sempre a morrer todo dia". E num exercício de sobrevivência cotidiana atirava-se à arte das palavras, às pessoas, aos cães.

"A palavra escrita é meu instrumento para chegar ao outro", dizia ela. "[...] há certas coisas que eu preferiria calar. Há outras que eu

---

35. *A obscena Senhora D.* São Paulo: Massao Ohno, 1982.
36. Depoimento para o filme *Para sempre teu Caio F.* (2014), de Candé Salles.

preferiria dizer. Agora não sei se digo as coisas que preferiria calar ou se calo as coisas que preferiria dizer...", confessa em *Fluxo-floema*, seu primeiro trabalho em prosa.

Segundo a academia, cujas teses sobre ambos se multiplicam, há nas obras de Caio Fernando Abreu e de Hilda Hilst uma postura quase religiosa diante da vida. Entre vestirem a toga do escritor ou o manto do xamã, este último dedicado ao contato com as escuras regiões transcendentes da alma, Hilda e Caio preferiam o segundo. E é nessa busca de transcendência que ambos são inovadores da língua e mergulham fundo numa dimensão espiritual da vida.

Hilda dizia: "Literatura não é distração, entretenimento. É uma coisa séria, que você vai adquirindo. É dificílimo."[37] E se confessava surpresa quando ouvia alguém dizer que escrever era um prazer: "Para mim, é sofrimento, um sofrimento de que não posso fugir e que me amedronta, dá um frio escuro dentro da gente."[38]

Caio se sentia exatamente assim:

> O livro é uma coisa agressiva, muito violenta e muito dolorosa para mim. Porque eu tenho uma paixão muito doida por existir: nunca recusei nenhuma experiência e, principalmente, nunca recusei expressar cruamente essas experiências no meu trabalho. Daí a dor que falo: não é fácil a gente se dar por inteiro. Não é que eu goste de ferir voluntária ou gratuitamente – mas preciso dizer certas coisas que comumente não são ditas, ou pelo menos não são agradáveis de serem escutadas. Nada do que sou capaz de viver me assusta, embora doa.[39]

Caio me escreveu numa carta: "Queria tanto que alguém me amasse por alguma coisa que escrevi", e precisava que sua palavra fosse aceita para se sentir querido. Nisso, era idêntico a Hilda: "Nunca conheci uma escritora tão tomada pela paixão da palavra", ele dizia.

---

37. *Caderno de Literatura Brasileira: Hilda Hilst*. Instituto Moreira Salles, outubro de 1999, número 8.
38. Ibidem.
39. *Suplemento literário de Minas Gerais*, 15 de agosto de 1970, p. 3.

Deus era outra "mania" que ela confessava ter tido sempre:

> Eu gostava de ficar na capela do colégio. Eu queria me aproximar da ideia de um Deus que tenha sido o executor de tudo, desse mundo que é tão notavelmente paradoxal e cruel. E essa mania eu não tirei nunca da minha vida: quer dizer, de existir uma potencialidade qualquer que você nomeia de algum nome e eu nomeio Deus de vários nomes: Cara Escura, Sorvete Almiscarado, Grande Obscuro, O Sem Nome, o Mudo Sempre, o Tríplice Acrobata. É uma vontade de estabelecer um intercâmbio com essa força muito grande, porque eu não acredito que as coisas acabem assim.[40]

Céticos, Caio e Hilda duvidavam e ao mesmo tempo acreditavam na existência de Deus, e oscilavam entre um niilismo impiedoso e a esperança secreta de um dia viver uma revelação. No romance *Limite branco*, que Caio escreveu muito jovem, aos 17 anos, se mostra curioso sobre a crença em Deus na voz do herói, Maurício:

> Eu acho que o problema maior em relação a Deus não é crer ou descrer – é sentir ou não sentir. Não há uma crença sem o sentimento profundo, enraizado, de que ele existe e está em nós. Ou se há é uma crença completamente falsa, como quase todas que conheço. E eu não sei se creio ou não porque ainda não senti. Ontem isso quase aconteceu. Foi na hora que a chuva parou, à tardinha. De repente parei de ler o livro que tinha nas mãos e senti vontade de me aproximar da janela. Vi então as árvores da praça, ainda pesadas de gotas d'água, vi o asfalto que parecia novo, o céu lavado, algumas pessoas ainda com guarda-chuva, um arco-íris lá no fundo, atrás dos morros. O sol estava se pondo também, e embora eu não pudesse vê-lo, enxergava os caminhos coloridos que seus raios pintavam nas paredes dos edifícios. E – de repente – senti. Estava tudo muito bo-

---

40. *Caderno de Literatura Brasileira: Hilda Hilst*. Instituto Moreira Salles, outubro de 1999, número 8.

nito, e muitas vezes eu choro quando tudo está assim, bonito. Mas não foi isso. Comecei a olhar as coisas desde os detalhes da janela até lá onde estava o arco-íris. Olhei o vidro quebrado, os carros estacionados lá embaixo, o asfalto, as pessoas, as árvores, a praça – meu olhar subindo cada vez mais. À medida que subia, eu ia esquecendo meu corpo, esquecendo de mim. Quando olhei o arco-íris, me desprendi quase totalmente. Não adianta, não sei explicar. As palavras traem o que a gente sente. Mas sei que, por um instante, quase senti. Como se eu soubesse que havia uma pessoa atrás de mim, mas fingisse não ver, embora conservasse o corpo tenso, à espera de que me tocasse o ombro. Tive uma consciência muito grande de meu corpo e, ao mesmo tempo, um esquecimento total. Fechei os olhos, cruzei os braços apertando a mão contra a camisa, pensando com força: "É agora, é agora, é agora." Como um conhecimento que vinha e, quando eu abria as mãos para segurá-lo, escapava. Eu precisava me concentrar de novo, pensar muito fundo em nada, quase sem respirar, para que ele se aproximasse de novo. Aos poucos, fui-me desligando do que havia em volta, fixado somente naquela espécie de onda que crescia, crescia dentro de mim, mas nunca quebrava. Em certo momento, senti que tudo tinha se tornado mais intenso. Subiu uma espécie de arrepio pelas pernas, um calor como se alguém pousasse a mão sobre a minha cabeça. Foi então que me entreguei.[41]

No livro *A obscena senhora D*, a personagem principal, Hillé, que seria um *alter ego* de Hilda, indaga:

[...] como será a cara DELE, hein? É só luz? Uma gigantesca tampinha prateada? Não há vínculo entre ELE e nós? Não dizem que é PAI? Não fez um acordo conosco? Fez, fez, é PAI, somos filhos. Não é o PAI obrigado a cuidar da prole, a zelar ainda que a contragosto? É PAI relapso?[42]

---

41. *Limite branco*. Rio de Janeiro: Expressão e Cultura, 1971.
42. *A obscena senhora D*. São Paulo: Massao Ohno, 1982.

Também nas linhas iniciais de *Com os meus olhos de cão*, Deus aparece como algo inatingível, de difícil aproximação:

> Deus? Uma superfície de gelo ancorada no riso. Isso era Deus. Ainda assim tentava agarrar-se àquele nada, deslizava geladas cambalhotas até encontrar o cordame grosso de âncora e descia, descia em direção àquele riso.[43]

Não por outro motivo, ao longo da obra de Hilst, Deus recebe apelidos como Cara Mínima, Cara Cavada, Sumidouro, Grande Corpo Rajado, Grande Riso, Menino Precioso, entre outros, tratando a divindade de forma irônica e corrosiva. Como se tivesse intimidade visceral com ele.

Lygia Fagundes Telles, confidente de Hilda, conta que uma vez a amiga ligou para ela no meio da noite e disse: "Lygia, a alma é imortal." Ao que Lygia teria respondido: "Sim, eu sei, Hilda." Ela mandou um beijo e desligou.

Caio também tinha o hábito de telefonar para os amigos de madrugada para avisar que estava pensando em se matar, ou para discutir questões existenciais, curtir uma fossa. E achava que o fato de eles atenderem seus telefonemas e ouvirem suas queixas até o fim era uma grande prova de sua amizade.

Almas gêmeas em relação aos mistérios insondáveis da existência, os dois eram magos praticantes, e acreditavam que a magia funcionava inclusive na escrita. Para Hilda, "[...] a criação não é apenas resultado de um processo penoso e racional; mas é algo meio mágico, como uma tentativa de conseguir pela técnica o que já tinha sido captado pelos sentidos". Já Caio sempre me dizia: "Só trabalho um texto depois que tenho a magia dele sob controle"; como se tivesse o dom de controlá-la.

---

43. *Com os meus olhos de cão e outras novelas*. São Paulo: Brasiliense, 1986.

A intimidade com o texto fluido de Caio ampliaria o espectro da obra de Hilda, que a partir daí passou a se dedicar também à prosa. E conviver com Hilda seria decisivo na formação dele. Em 1969, no primeiro mês vivendo na Casa do Sol, Caio terminou de escrever *Inventário do irremediável*, no qual publicou "A quem interessar possa" um dos três contos que escreveu lá. "O poço" seria publicado em *Pedras de Calcutá*, e "*Red roses for a blue lady*", título que é nome de uma canção de Frank Sinatra, foi dedicado ao diretor de teatro Gilberto Gawronski, mas ficou na gaveta por muitos anos, para só depois compor *Ovelhas negras*, seu último livro, de 1995.

Em 1970, Caio publica *Limite branco,* e Hilda lança seu primeiro texto em prosa, *Fluxo-floema*. Magistral, o livro tem três contos de ficção, um deles, "Lázaro", ela dedicou a Caio Fernando.

"Lázaro" é, na minha opinião, um dos mais belos contos da literatura brasileira, uma verdadeira obra-prima que relata uma história do antigo testamento, o milagre da ressurreição. Poderia, certamente, ter inspirado Saramago em sua obra *O Evangelho segundo Jesus Cristo*, que deu ao autor o único Nobel de literatura da língua portuguesa. Tanto o conto de Hilda quanto o romance do escritor português tratam Jesus e seus apóstolos de forma coloquial, com uma intimidade de irmãos.

Quando alguém lhe perguntava qual era o centro de sua obra, Hilda respondia imediatamente: "Eu procuro Deus." Caio dizia: "Escrevo sobre o amor."

E o que seria o amor senão uma das faces de Deus?

Cartas

1971

Em 1968, Caio deixa Porto Alegre e vai para São Paulo para trabalhar na revista *Veja*. Seu conto, *Três tempos mortos*, ganha uma menção honrosa do prêmio José Lins do Rego. Em 1969, ele se muda para a Casa do Sol, onde convive intensamente com Hilda Hilst e seus amigos. Em 1970, publica o livro de contos *Inventário do irremediável* (prêmio Fernando Chinaglia da União Brasileira de Escritores). Em seguida, publica o romance *Limite branco* e participa da antologia de autores gaúchos *Roda de fogo*. Em 1971, viaja para o Rio de Janeiro, trabalha como pesquisador e redator das revistas *Manchete* e *Pais e filhos*, vive em várias comunidades e depois de mudar de muitos endereços e chega a vender artesanato hippie nas ruas de Ipanema. Ele comenta em cartas aos amigos que nessa fase aprendeu a tocar flauta doce, deixou os cabelos crescerem abaixo da cintura e emagreceu muitos quilos, comia pouco e passava os dias à base de chá.

Rio, 11 de maio de 71.

Hildinha querida,
Estava para te escrever desde que cheguei aqui – mas houve uma série de coiselhas e não deu jeito. Olha, ainda não consegui entregar as cartas e as peças para o Rangel e o Maciel. Telefonei várias vezes para o *Pasquim*, mas eles nunca estão, ou estão ocupados, mil transas, bossa potentados do Oriente Médio. Daí consegui o telefone particular do Maciel, liguei para ele, foi simpaticíssimo, disse que queria bater um papo comigo e tal, que eu aparecesse mas telefonasse antes de ir porque ele sai muito. Telefonei outras vezes e ele não estava. Devo falar com ele ainda esta semana, logo mando dizer no que deu a transa.

Sabe, aconteceu um barato esquisitinho. Não sei se te lembras de toda aquela minha amarração no Bivar, inclusive a carta, o poema, tudo aquilo. Pois aquela história até hoje eu mesmo não sei explicar porque aconteceu. Bem: sábado eu fui ao cinema à tarde (*Satyricon*), depois voltei para casa e de repente entrei numa de erotismo, sei lá porquê, me deu uma puta vontade de fazer amor. E você sabe como eu sou controlado e comedido. Pois nesse dia não deu pé nenhum controle, nenhum comedimento. [...]

Tenho procurado casa e apartamento, precisamos entregar o outro até o dia 20. Ontem descobri uma casa divina, fica entre a praia do Flamengo e o Catete, num morro. É uma loucura, imensa, com duas salas, quatro quartos e um terraço enorme com uma vista linda e ainda uma espécie de atelier no terraço: 500 contos, só, o aluguel. Estamos ajeitando tudo, acho que vão morar umas 5 pessoas – mas não vai haver problema porque quero pegar um quarto só para mim.

Voltei ótimo daí. Ainda mais decidido, mais fazendo-coisas, sabe como é que é? Hildinha, é difícil explicar, mas fui tocado por uma coisa que desconheço. Vai ser muito bom, dentro de pouco tempo vai ser muito bom, tenho uma certeza absoluta. Algumas pessoas estão *santas*, é incrível. Você precisava ver o que o Bivar conta do surto de ocultismo (ocultismo sério) na Europa: há também mil sociedades de demonologia, o lado claro e o lado escuro da coisa. Parece que tem um negócio suspenso no ar, algo que se relaciona ao mesmo tempo a Cristo, aos bruxos, aos santos. Dentro de pouco tempo: quem não se tornar bruxo ou santo não vai sobreviver. Estamos entrando numa faixa de espírito. É pena que você viva isolada na fazenda e, naturalmente, fique um pouco distanciada de todo esse processo – se você vivesse num centro maior ia ficar impressionada em como as pessoas não suportam mais coisas como máquinas, ruídos, trabalho, filas, horários – todo mundo está procurando se evadir – ou buscar um sentido maior – através das coisas do espírito. É bom a gente constatar isso (dizem que o Brasil é a *terra prometida* – e isso não tem nada a ver com o atual governo, situação política e/ou social, etc.). Tem qualquer coisa no ar, Hildinha. Ando conversando muito com o Francisco sobre essas coisas, e mesmo ele, materialista do jeito que é, sente a mesma coisa: tem uma estranha pairando. Sinto que as fogueiras da inquisição estão voltando, formam-se pequenos grupos místicos, a penetração e assimilação da cultura oriental é impressionante. Eu já sabia de tudo isso – um pouco por intuição, outro por informação –, mas na conversa que tive com o Bivar ontem fiquei impressionado. É tudo aquilo que nós falávamos antigamente, lembra? A volta ao Cristo, a mente, a para-sensibilidade. Estou calmo, perfeitamente calmo, equilibrado – mas com uma crença, uma FÉ louca –, não sei se dá pra você entender: as portas todas da percepção, do amor, da tolerância – todas se abriram. Foi ótimo para mim ter ido à fazenda, voltei mais dentro, mais definido. Inclusive na viagem de volta pensei muito sobre tudo: concluí que o nosso relacionamento se enriqueceu, porque perdeu um certo clima negativo, de solicitação e ansiedade (da minha parte). Hildinha, é difícil para mim dizer isso e talvez seja difícil para você compreender, sei lá, a gente tem pudores, parece uma coisa pretensiosa, mas é o seguinte: eu sinto que fui tocado, escolhido, que sou um profeta, que tenho uma missão, entende? Sinto a marca da escolha pesando em mim (aquele conto chamado "Iniciação" diz tudo isso). Está havendo um movimento de contracultura muito sério: Caetano, Bivar, Maciel são os papas. Você precisava ouvir mais Caetano, saber mais dele e dos outros – é uma loucura a lucidez e a abertura espiritual que os três têm. É um fenômeno pós-hippie, um negócio que poderia ser assim como o existencialismo nos áureos tempos – mas é muito mais denso, muito mais sério. Eu sempre achei filosofias muito abstratas, agora VIVO COTIDIANAMENTE segundo uma filosofia, uma maneira lúcida e transcendental de encarar o próprio dia a dia. Sei lá, olha, é demais difícil te explicar tudo isso, também o nosso encontro foi tão rápido que não deu margem a que aprofundássemos esse papo todo. Mas é muito sério, Hildinha. Anota isso: eu vou explodir dentro de pouco tempo, estou sentindo que vai acontecer uma coisa muito ampla e maravilhosa, em termos de profundidade, de amor, de expansão – ai, como é difícil explicar. Mas quando acontecer você vai lembrar que eu já sabia. E tem mais: isso vai acontecer também com você e com outras pessoas, ainda não sei bem como. Mas sei.

Olha, distribuí alguns dos teus livros de poesia entre pessoas que interessam – uns amigos meus muito bons aqui da *Manchete*: todos amaram. Carlos Augusto, um rapaz muito inteligente e tal, disse que era espantoso que existisse no Brasil um poeta da dimensão de Pessoa ou T. S. Elliot, e que ninguém soubesse, ou, ninguém desse a mínima. Outro dia, relendo o livro, eu tive uma comoção profunda ao reencontrar as "Heroicas", meu Deus, é todo um roteiro de existir, tem um trecho impressionante, não sei ao certo, é mais ou menos assim "é sempre na clausura que a vida silencia e recomeça", e um outro sobre a palavra – não me lembro se nas "Heroicas" ou nas "Bucólicas" – "e a palavra se tentar existir/ seja singela" – e depois, uma referência aos guias: "orai àqueles que a fizeram bela".

A gente precisava conversar tanto e tanto, precisávamos organizar um movimento, alguma coisa assim, sei lá, alertar as pessoas para essa faixa de espírito em que estamos entrando (em mim, essa coisa se manifesta também através do corpo: fazer amor, agora, é um ato profundamente espiritual), não sei bem o que poderíamos fazer. Se conseguirmos alugar a casa, você e o Zé, ou só você, ou sei lá quem, desde que você venha, poderiam passar um tempo aqui falando coisas com esse pessoal, Bivar, Maciel. Ia ser muito bom para você.

Antes de terminar: tenho lido nos jornais que Bráulio e Marilda fundaram um grupo teatral chamado Transa, esse que estreia agora com "As hienas". Tenho pensado em voltar a fazer teatro, como profissão (ator), já que estou achando castrativo e limitante o trabalho aqui na Bloch – talvez você pudesse escrever um cartãozinho ao Bráulio e Marilda me apresentando, você me daria o endereço deles. Porque não quero chegar lá assim como um desconhecido, correndo o risco de ser confundido com um bicão ou um desses chatos que se aproximam de gente famosa para aparecer, compreende?

Ah: uma noticelha boa – a Expressão e Cultura vai promover lançamentos do *Limite* em várias cidades do Brasil, me pagando passagem e estadia. Acho que terei mesmo que largar o jornalismo, devido ao tempo, e sobreviver com freelancers e bicos daqui e dali.

Bom, é só. Olha, dá um grande abraço no Dante, outro no Zé (sobre o Zé: fiquei *impressionadíssimo* com os contos dele – é sem dúvida um escritor, você sente toda aquela carga de emoção e sofrimento nos contos dele, a coisa macerada, curtida, vomitada, sangrada – então não tem a menor importância ter sofrido muita influência sua – porque quando ele se libertar dela vai ter um estilo muito pessoal, tendo assimilado coisas ótimas da tua literatura – enfim, acho que ele é – ou será – um ÓTIMO escritor – sem nada a ver com esses caretas que andam publicando coiselhas por aí – sem falsas modéstias – um escritor à tua e à minha altura – não tive tempo de te falar essas coisas todas antes de vir – mas é incrível o talento dele – aquele conto do *Estadão* é belíssimo). Me escreve para o endereço de Francisco, senão a carta vai se perder. [Escrito à margem: Bolívar, 45 – ap 214 – Copacabana.]

Desejo que tudo aí na fazenda melhore e fique lindo e bom e claro. Faça vibrações por mim, faço sempre por vocês.

      Muito amor do seu, Caio

P.S. Assisti ao *Mas não se matam cavalos?* – saí impressionadíssimo: é *terrível*. Nunca tinha visto uma crítica tão violenta à sociedade. Nem mesmo no *Easy rider*. Talvez no *If*, mas bem mais otimista. Esse *Mas não se matam cavalos?* é o negror, as portas fechadas, o beco sem saída. Jane Fonda é uma grande atriz, um ser luminoso fantástico.

P.S. – Se o Zé também quiser me escrever, acho ótimo. Mande-me contos dele, posso colocar no *Suplemento de Minas*.

[Escrito à margem: Estou precisando desesperadamente de um GURU.]

17 de maio – segunda feira:

Hildinha, vê se pode, depois de te escrever essa outra carta que vai junto, entrei numa estranha, de profunda depressão, desencanto, aquelas coisas que você bem conhece, não-a-dianta-nada-escrever-num-país-de-analfabetos, estou-me-corrompendo-humanamente, não-tenho-condições-financeiras--para-fazer-o-que-gosto, essas coisas. Resultado: pane mental. Tive uma vontade de morrer tão grande que fiquei um dia inteiro sem conseguir me mexer, nem o pensamento funcionando. O vazio. Aí, para reagir, tentei pensar em você, na missão, tudo aquilo. A reação não vinha. Como eu estava sozinho mesmo e se eu próprio não reagisse; já era, tomei a iniciativa de ir à Pinel. Fui. Bati um papo com um psiquiatra como todos os outros psiquiatras, só que ainda mais corrupto, ofereceu-se para me conseguir drogas (vê se pode): fiquei profundamente desencantado. Aí aconteceu uma coisa mágica. Abri sem vontade um livro qualquer que havia em cima da mesa e lá estava A mensagem: T.S. Elliot. Isso:

Detém-te no mais alto patamar da escadaria –
apoia-te numa urna de jardim –

tece, tece os raios de sol em teus cabelos –
aperta as flores contra ti com uma surpresa angustiosa –
atira-as ao chão e volta-te
com um fugidio ressentimento nos olhos:
mas tece, tece os raios de sol em teus cabelos.

Era todo aquele conto meu que você leu – "O dia de ontem" – todo sobre a necessidade de tecer belezas, mesmo mínimas, para sobreviver: matéria de sobrevivência. Sobrevivi. Foi horrível. Três dias vendo cara a cara a dureza de tudo. Ontem, resolvi, voluntariamente, reagir. Telefonei ao Bivar, vamos sair hoje. Fui ao Francisco, depois fomos ao Maciel, levei tuas peças: ele vai ler e tal, à longo prazo, não sei, não, fiquei meio decepcionado com ele, confesso: parece estar mais numa de amargura política, de ressentimento e cinismo intelectual do que propriamente magia – ao contrário do Bivar, que é inteiro mágico. Mas, de qualquer maneira, é agradavelzelho, simpaticíssimo e tal, vou voltar lá.

Olha, quanto a mim, estou muito amargurado com muitas coisas, mas tentando preservar a chama (que às vezes penso nem existir). Me compreende. Não te preocupa. Estou absolutamente sozinho, e você sabe que isso independe de pessoas à nossa volta. Mas aceito. E vou continuar tecendo. Talvez não valha a pena. O mais coerente seria acabar com tudo. Mas não sou coerente. E das duas uma: ou eu mato a ideia de morte no cansaço, ou ela me mata no cansaço. Se eu ainda achasse que as pessoas podem se ajudar umas às outras, te pediria uma carta bem delirante, bem cheia de vitalidade. Não peço porque sei que talvez – quase certo – você também não pode. Nem ninguém. Mas também entendo e aceito. Vou fazer-coisas, acho que é uma saída. A semana que vem devo ir a Curitiba fazer uma reportagem sobre a indústria do papel, mudar de ares. Tenho me dilacerado muito. Mas a pena que sinto não é de mim mesmo, é de todos os sensíveis o suficiente para estarem na mesma: acuados por essa coisa medonha que chamam, até mui simpaticamente, de sociedade-de-consumo. É um nome até muito doce para o horror negro da coisa.

Preciso de alegrias e luz, Hildinha. É muito difícil. Teço. Pode confiar em mim. Por favor, confia em mim, na minha vontade de viver, ainda que eu não seja mais importante para ti. Eu preciso que uma pessoa como você queira que eu viva. Faça vibrações por mim. De vez em quando a minha precariedade humana, a minha pobreza vem à tona.

Estou perto de você, teu, Caio.

Rio, 31 de agosto, 71.

Hildinha querida, desde a tua última carta te escrevi umas três em resposta, e não mandei. Estavam demais negras, demais deprimentes. Agora estou um pouco melhor, mas passei três meses verdadeiramente monstruosos. Aluguei um quarto e fui morar sozinho: não consegui aguentar a solidão. Foi terrível, na base assim de passar dois ou três dias sem dar uma palavra com ninguém. Pensei muito, li muito, não escrevi nada e concluí o que qualquer pessoa com um mínimo de inteligência já deve ter concluído, o óbvio: a *situação* é insustentável. Está todo mundo no maior desengano, não sei se aí na fazenda, isolada, você está sabendo do desbunde generalizado. Um desengano total. As pessoas estão amarguradas, sozinhas, desorientadas, desanimadas. Não se pode dizer mais nada. Não se pode fazer mais nada.

Sexta passada, depois de muito tempo, saí, fui ao lançamento do livro de um amigo (*O Desastronauta* – Flávio Moreira da Costa) – encontrei com Nélida Piñon e Myriam Campello, recém-chegadas dos Estados Unidos. [...]

Quanto a mim, profissionalmente progredi: fui promovido a redator de uma revista chamada *Pais e filhos*. Abro minhas gavetas e encontro matérias assim: "Se o bebê cospe no prato, é porque o espinafre está muito quente. Da próxima vez, mexa ao invés de soprar." Cobriram-me de elogios e prometeram-me aumento, depois fizeram um terrorzinho na base do "ou fica com o salário atual ou vai embora". Resultado: fiquei. Dou a bunda todos os dias para coisas que detesto. É nojento. Fora daí, como não aguentei a solidão, resolvi mudar-me para uma comuna, com um pessoal que mora em Santa Teresa. Lá, pelo menos, não vou me sentir tão sozinho. Talvez volte a escrever, mas basta pensar na idiotice que foi publicar aqueles dois livros para me dar um desânimo total. O que é que a gente faz, hein, Hildinha? Quando você descobre que qualquer coisa que você fizer não modificará o curso das coisas, que as pessoas continuarão burras e que tudo se sucederá como tem se sucedido até agora, você envelhecendo, sem matar nenhuma sede, até morrer – o que se faz quando se descobre que nada adianta nada? Já estive pior. De cuca fundida, batendo às portas da Pinel e tentando o suicídio (no apartamento do Bivar tentaram nos matar, uns traficantes, nos torturaram durantes umas três horas). Foi horrível. De tudo isso restou uma dura lucidez, um ceticismo inabalável. Tenho chorado muito. Como na letra de "London, London", dou voltas e voltas e não tenho aonde ir. Quando penso em mim, em como eu era há uns dois anos atrás, sinto uma saudade enorme:

nossa, como eu acreditava, como eu tinha sangue nas veias. Tudo isso passou.

Se eu tivesse dinheiro ia para fora do país. É uma esperança que se tem: de que essa anemia geral seja só aqui dentro. Mas sou obrigado a ficar. Agora uma sociedade oriental está conclamando todo mundo para a entrada da Era de Aquário, dia 3 de setembro. Pode ser, não é? Tenho estudado um pouco de Astrologia, tenho me voltado cada vez mais para o oculto – mas as pessoas gargalham quando eu falo nisso.

Espero que você esteja bem, assim como Dante e Zé. Pelo menos escrevendo. Releio sempre o *Fluxo-Floema* e gosto cada vez mais, principalmente do "Lázaro", é uma das coisas mais bonitas que já li. Gostaria muito de rever você, mas com o que ganho não posso me permitir uma viagem.

Fico muito triste quando penso nisso tudo. Dia 12 faço 23 anos, e parece que tudo já está perdido. Não consigo pensar em termos de futuro: parece que o futuro é esse de hoje, tudo se dissolvendo cada vez mais, em direção não se sabe a quê.

Um beijo, Caio

Porto Alegre, 23 de dezembro de 71.

Hildinha querida, te escrevi várias cartas desde que estou aqui em PA, mas não cheguei a mandar nenhuma delas. Acontece que é muito difícil te dar uma ideia, mesmo superficial, de tudo o que tenho passado. E sem falar de diversas coisas, você não compreenderia porque estou como estou.

Há cerca de dois meses fui demitido da *Manchete*: a polícia bateu no ap. onde eu morava com outras pessoas, encontrou um pacote de maconha e prendeu a todos nós. Acho que você sabe que prisão por porte de drogas é considerada crime de segurança nacional, tão grave quanto subversão ou coisa assim. Para evitar uma complicação maior, me vi forçado a dizer que trabalhava na Bloch: os diretores da empresa se envolveram, com medo do escândalo e, enfim, fui solto e demitido. A estória toda é muito complicada, inclusive o flagrante de maconha foi *forjado* pela polícia, pois não tínhamos droga nenhuma em casa. Tudo muito injusto, muito triste e humilhante. Me vi de repente mais sozinho do que nunca numa cidade estranha, com medo e quase sem dinheiro, com a moral lá embaixo. Aí voltei para casa. Naturalmente que não contei a meus pais o verdadeiro motivo da minha volta – conhecendo-os como eu os conheço, sei muito bem que não compreenderiam.

Estou muito mal, Hildinha. Desde que cheguei, saí pouquíssimas vezes, a maioria delas para visitar uma comunidade onde moravam uns amigos meus, e onde encontrei, há umas três semanas, alguns rapazes que me deram notícias de vocês (Geraldo e Moacir). Combinei de ir até a fazenda com eles, mas no dia seguinte minha mãe foi me buscar de automóvel, furiosa. Um negócio horrível, eu havia feito uma viagem com ácido no dia anterior e estava muito perturbado. A situação em casa ficou insustentável: meus pais se revelaram ainda mais intolerantes e desinformados que a média normal dos pais, por aí você imagina. Na opinião deles sou uma pessoa extremamente má, decidida a "matá-los de desgosto": praticamente me trancafiaram em casa, me proibindo de sair ou encontrar com meus amigos – "putas e vagabundos", na opinião deles. Você deve estar se perguntando por que não rompo de uma vez com tudo isso, por que não parto para uma vida só minha. Bem, no momento não tenho condições, nem financeiras nem psíquicas. As coisas todas deram errado no Rio, dum jeito impressionantemente violento – tudo em que eu acreditava e, pior ainda, tudo o que eu *era*, se desfez aos poucos, até me reduzir ao atual estado: um zero à esquerda. Quase não falo, o dia inteiro: não há o que dizer a pessoas que vivem noutro planeta, mesmo que se goste – e muito – delas. Também não tenho escrito, há uns seis meses, chego a pensar que não conseguirei mais, que tudo passou, mas quando leio – ou releio, principalmente – certas coisas, me volta a certeza que não me encontrarei a não ser na criação literária. Redescobri um autor a quem eu não tinha dado muita importância: Scott Fitzgerald – e o que eu gostaria de fazer agora seria um romance assim como *Belos e malditos*, transposto para a nossa época.

Você não imagina como eu gostaria de sentar ao seu lado e conversar longamente sobre todas essas coisas. Acho que você não sabe a importância que você tem para mim, e como me dói sentir a saudade que sinto e pensar, às vezes, que a minha vida está perdida e que nunca mais nos encontraremos. Soube pelo Moacir que esteve bastante doente, fiquei preocupado, você não mandou me dizer nada. Também, você nunca escreve, a não ser para responder às minhas cartas, cada vez mais enfossantes, não? Espero que a situação aí na fazenda tenha melhorado, que vocês todos estejam bem e – principalmente – que você esteja escrevendo. Haja o que houver, Hildinha, você não pode castrar a sua criatividade. Quem chegou onde você chegou não pode parar: você TEM que escrever coisas cada vez melhores, cada vez maiores, sempre, infelizmente, cagando montes para a crítica e o público. Agora, que já publiquei e passei pelo mesmo desencanto e a mesma sensação de ter soltado um grito no deserto, posso compreender muito bem a tua revolta. Mas é isso mesmo, vivemos numa terra de botocudos, de eunucos mentais, e não é desistindo que vamos modificar alguma coisa.

Eu tenho muito pra te falar. Passei por diversas e terríveis "temporadas no inferno" – acho mesmo que cheguei a beirar a loucura. Minhas experiências com o LSD foram medonhas, de cada vez doze horas num inferno de monstros, fantasias paranoicas, inseguranças, medo, desespero e uma solidão que eu nunca havia experimentado antes. Nada de delírios místicos, beleza, amor. Só medo e escuridão. Parei com tudo isso. Mas me ficou um saldo: uma insegurança ainda maior, um medo pelos que ainda não se deram conta do horror. Não sei direito, estou confuso em relação a essas coisas e a quase todas as outras. Vamos passar o mês de janeiro numa praia e, na volta, se eu voltar, creio que procurarei um psicanalista – estou todo esfarrapado por dentro. Como te disse, é difícil dizer todas essas coisas por escrito. Mas *nunca* sequer imaginei que a vida pudesse ser tão difícil de ser vivida, que as pessoas pudessem ser tão abjetas (reli a pouco as cartas da Mansfield, há um trecho onde ela diz: "Eu não me incomodaria de ser doente ou anormal, se as pessoas não fossem abjetas como são").

Na praia, vou me esforçar para conseguir novamente entrar em contato com a natureza e comigo mesmo – e através disso alcançar Deus outra vez. Se eu conseguir, a batalha estará ganha, a crise superada, eu terei sobrevivido, darei uma de Fênix e ressurgirei das próprias cinzas; caso contrário, eu não terei me enganado, a vida é realmente suja demais para ser vivida e eu não me poluirei. Isso é o que sei a meu respeito. Se houver uma chance de viver sem sujeira, eu a agarrarei com todas as forças. Não sei, realmente não sei, por favor me escreva – estou muito sozinho, meus pais fizeram todo o possível para que eu me convencesse de que sou uma pessoa má e desprezível –, por favor não deixe de me escrever, eu ACREDITO demais em você, no que você escreveu, no que você viveu, no que você foi e é – você a única pessoa a quem eu recorreria numa hora assim escura, e é o que estou fazendo. Um abraço para o Dante e o Zé, desejo um Natal feliz e um novo ano cheio de coisas boas, ou pelo menos melhores que as deste maldito 71 (que eu sei, foi também terrível para vocês).

 Um grande beijo do seu,

Caio.

1972

Preso por porte de maconha no Rio, Caio é demitido da editora Bloch, volta a Porto Alegre e passa a trabalhar no jornal *Zero Hora*. O conto *A visita*, publicado em *O ovo apunhalado*, recebe o prêmio do Instituto Estadual do Livro. Insatisfeito com a vida no Brasil, trabalha muito para economizar e poder sair do país. No ano seguinte decide viajar para a Europa com o dinheiro do prêmio. E avisa Hilda:

> É isso, minha amiga, é luz. Eu pediria a você que fizesse um esforço (acho que não precisa ser muito grande) para me escrever sempre, não quero te perder. Mesmo em algumas situações difíceis, talvez eu possa até ajudar, já não sou aquele menino carente e desequilibrado.

Porto Alegre, 14 de maio de 1972.

Hildinha,
tentei me comunicar com você 2 vezes, desde a tua última carta, em janeiro. Primeiro escrevi para a caixa postal de Campinas (1537): a carta foi devolvida pelo Correio, dizendo que a caixa não pertencia mais a você. Escrevi então à Hermengarda Takeshita, mas não houve resposta, faz muito tempo. Estou escrevendo agora para um endereço que o Moacir enviou, aí em Campinas. Como ele está sempre em contato com você, espero que lhe entregue.

    Estou bastante bem, graças a Deus. Passei por uma fase extremamente difícil, depois das confusões todas no fim do ano passado. Creio mesmo que atravessei um período de loucura, pelo menos de estagnação absoluta, descrença, amargura, vazio, solidão. O que me salvou desse estado foi uma psicoterapia, um tratamento rápido, na base de Pavlov, hipnotismo, essas coisas. Reagi muito bem, tão bem que o psiquiatra me deu alta, há mais ou menos um mês atrás. Recomecei, então. Reconquistei uma a uma as minhas coisas antigas – as positivas, apenas, pois parece que finalmente consegui atingir certo amadurecimento, que eu chamaria mais de *equilíbrio*. Naturalmente muitas coisas – a maioria delas – ainda doem, e fundo; mas já não existe de minha parte aquele envolvimento desesperado e adolescente. Talvez eu tenha perdido um pouco em intensidade, mas ganhei muito em segurança, em força. Estou trabalhando, à tarde, numa agência de publicidade. Faço pesquisa de mercado. É um trabalho medíocre e automático, e até acho bom, não tolhe em nada a minha criatividade, não é prejudicial como o trabalho jornalístico. O melhor de tudo é que consegui voltar a escrever. Claro, é um recomeço, estou ainda apalpando, inseguro em relação à forma, à técnica (é estranho, mas em literatura parece sempre que a experiência anterior não ajuda em nada). Estou tentando um romance, *Os girassóis do reino* é o título. Tento contar todas essas coisas que eu e a minha geração atravessamos, as drogas, os hippies, as estradas, a volta à natureza, a tecnologia esmagando o homem e afastando-o de sua essência animal. Estou procurando a simplicidade e, ao mesmo tempo, o mito e a magia. Tento fazer um negócio assim como as *1001 noites*, cheio de lendas, contadas através das mais diversas formas e linguagens, roteiro de cinema, peça teatral, conto de fadas, escrita automática, narrativa tradicional, radionovela. Há trechos em espanhol, em inglês, o personagem principal muda de sexo e de nome o tempo todo. Enfim, tento o ambicioso de uma síntese – caótica, tropical, desesperada como a música pop (que é o que melhor reflete este nosso tempo de ruído) – ao mesmo tempo bonita, lírica, saudosista. Muitas vezes choro escrevendo, muitas vezes sinto um outro ser guiando a minha mão. E, no fim, concluo o óbvio: nasci comprometido com a palavra escrita. É uma destinação irrecusável, e tristemente terrível de vários pontos de vista, você sabe. O que tem me tolhido ultimamente, o que não me deixa produzir ou me entregar como gostaria, são problemas materiais, objetivos: não tenho um canto meu em casa, divido o quarto com dois irmãos, e à noite, quando chego, não me sinto no direito de apagar o toca-discos que eles ouvem, expulsá-los do quarto, enfim, me impor. Também, no momento, não tenho condições de morar sozinho. A situação está atingindo limites quase trágicos, o ambiente dentro de casa torna-se dia a dia mais intolerável, ando agressivo, embora tente evitar – mas não consigo deixar de lado a sensação de estar perdendo tempo, sei lá.

Tenho rezado muito, parece que aquele meu lado místico veio definitivamente à tona – não de maneira assustadora e violenta, como no tempo das drogas, também não do jeito tímido e meio espantado de quando morei aí na fazenda. Agora é uma coisa sólida, que faz parte de mim naturalmente, assim como gostar de silêncio ou de música. Tenho estudado muita astrologia, é fascinante, eu gostaria de, dentro de algum tempo, dominar completamente o assunto. Também me filiei aos Rosacruzes, estou esperando que me enviem as primeiras lições. Sinto, Hildinha, a necessidade de penetrar numa outra dimensão, num outro nível de existir. Tem me doído o corpo e suas solicitações. Também não quero negar a carne, sei que se esse corpo nos foi dado é para que o usemos da maneira mais intensa possível, até ultrapassá-lo, até conseguir, através dele, atingir o mais alto. Acontece que, quase sempre, as vontades do corpo são baixas e escuras. Também por causa dessa maldição (?) homossexual, você sabe, os rituais, os bares especializados, essas coisas. É tão difícil. Quando cedo a isso, por desespero, tenho terríveis crises de consciência, depois. Crises que sei inúteis, desgastantes, porque mais dia ou menos dia, voltará a ciranda do sexo. Se fosse possível um relacionamento *claro* entre duas pessoas, se eu conseguisse encontrar alguém que me completasse, que fosse completado por mim, que me saciasse o corpo para que o espírito pudesse voar. Espero isso, quase sempre sem procurar. Mas quando caio na procura, volto decepcionado, ferido, frustrado, enfraquecido. As pessoas têm medo da entrega. É mais fácil, menos comprometedor, diluir-se na ciranda dos bares, das saunas, do deboche. As pessoas têm medo de se doarem. E seria tão bom, tão melhor. Essa é a minha maior preocupação espiritual, e não tenho conseguido divisar a solução, o equilíbrio. Não quero a prisão da carne, também não quero a sua perdição. Não quero tornar-me amargurado nem debochado. Não sei.

Vou muito ao cinema, ouço muita música (você conhece um músico hindu chamado Ravi Shankar? – tenho feito viagens incríveis com ele e sua cítara), nos fins de semana vou para o sítio de um amigo, andar descalço na terra, colher frutas, outras vezes vou para Florianópolis, que é uma cidade calma e linda, ainda não tocada pelo demônio da máquina e da civilização. Há semanas inteiras que caio na badalação mais frenética, cumprindo a ciranda das vernissages, boates, pré-estreias, noites de autógrafo. Depois, é difícil me desvencilhar de tudo e voltar a mim mesmo, reajustar meu coração ao ritmo astral. De qualquer forma, Porto Alegre ainda é uma cidade boa, que permite evitar a diluição. A civilização ainda é suportável aqui, apesar do crescimento assustador, as britadeiras, as escavações, túneis, viadutos, concreto e cimento esmagando o verde. Não sinto saudade do Rio ou de São Paulo – sempre senti que meu lugar era no Sul. Mesmo que dentro de algum tempo eu me vá outra vez, sei que voltarei sempre. A gente tem uma palavra muito boa aqui para definir o lugar onde se nasce – *querência*, é como os gaúchos do interior chamam o lugar onde o animal nasce, e para onde volta quando sente a morte chegar.

Tenho lido um pouco. Continuo curtindo Scott Fitzgerald, acabei há pouco *Suave é a noite* – tenho sempre Clarice, Fernando Pessoa e você. Mas de realmente novo, nada. [...]
Fico triste quando perco o contato com você. Mesmo quando a gente não está sabendo um do outro, você está sempre presente nos meus pensamentos, nas minhas orações. Lembrar de você é uma coisa que já faz parte de mim. Acho um pouco chato que você só me escreva quando solicitada, isto é, quando eu tomo a iniciativa de te escrever. Isso me magoa. Parece que a amizade é um pouco unilateral, mais minha do que sua. Sei lá, não estou exigindo nada. Você já me deu muito. Queria só que você soubesse como é importante pra mim, como gosto de você, como você pode contar comigo, sempre e em qualquer lugar ou situação. Por favor, me escreva, eu fico muito feliz quando sei de você.
Um grande abraço para o Zé.
Beijos do seu

Caio.

Porto Alegre, 5 de setembro de 1972.

Hilda, não sei porque você não me escreve mais. Esse silêncio só torna cada vez mais difícil uma reaproximação, pois se acumulam coisas, fatos, experiências, descobertas e quando – como agora – sento para te escrever, com a intenção de contar muito e muito fundo, não sei sequer por onde começar, nem como, perdi o hábito de falar com você, embora não a tenha esquecido em nenhum momento, o que torna tudo ainda mais difícil é que perdi o hábito de falar com qualquer pessoa. Não sei dizer se estou bem ou mal, infelizmente tudo é bem mais complicado, bem menos reduzível a uma ou outra expressão. Sei que estou sozinho e confuso. Tentei, de muitas maneiras, depois do tratamento psiquiátrico, me reintegrar nas coisas externas, sei lá, trabalhar, transar com pessoas – essas coisas. Andei trabalhando em publicidade, em teatro, fazendo mil e uma coisas, um pouco freneticamente – até que voltei a cair em mim mesmo, numa espécie de sede ou espanto que existe dentro de mim e que, visto de fora, parece apenas inércia, apatia, desbunde. Há uns dois meses praticamente não saio de casa. Fico lendo, escrevendo, ouvindo música. Quando saio, não compreendo a cidade com seus barulhos, suas correrias. Não compreendo e não gosto (no fundo talvez tudo seja muito simples). E também já não tenho fé nas coisas ou nas pessoas. Parece-me que tudo que acontece numa cidade grande está intrinsecamente poluído, mesmo o amor (principalmente o amor). E penso se não terei me tornado completamente incapaz de enfrentar esses ônibus, essas ruas, esses túneis e elevados.

Dentro de exatamente uma semana faço 24 anos. Estou sentindo, Hilda, que chegou um tempo de decisões. Experimentei muitas coisas, até agora, vivi um tanto provisoriamente, foi tudo tato, experimento. Acho que agora preciso de uma definição. Preciso escolher. Tenho pensado em caminhos. Pensei em voltar a estudar, terminar meu curso, penso em viajar, em sair, em morrer. E estou tão livre que posso escolher qualquer dessas coisas sem dar muitas explicações a ninguém. Tenho pensado se viver não será uma coisa profundamente indigna, sem nenhuma nobreza, grandeza, sem nenhum deus. E não sei. Tempos atrás eu tinha algumas certezas, ou pelo menos certas coisas não me incomodavam como agora: vinte e quatro horas por dia exigindo (de quem? de quê?) uma razão para estar vivo. Estou distanciado de qualquer realidade – estou próximo apenas das minhas muitas dúvidas – e nesse sentido estou extremamente fechado para as outras pessoas. Enfim: estou todo enleado e perdido dentro de mim e meio apavorado por estar assim, nesse estado um pouco adolescente de indagações e porquês e ansiedades, não sei.

Tenho escrito algumas coisas. Ainda acredito em escrever, apesar dos equívocos daqueles livros publicados. Estou trabalhando numa série de contos muito parecidos entre si: pessoas terrivelmente isoladas que lembram coisas acontecidas não sabem se há muito ou há pouco tempo, tudo extremamente vago, esgarçado, com uns detalhes vivos – tento expressar a memória, você me entende? O absurdo da memória entrelaçada com imaginação, loucura, alienação, fantasia e algumas gotas bem brutas de realidade-real-chão. Os personagens não têm sexo definido, às vezes são homens e mulheres ao mesmo tempo, nem idade, nem nada de característico: o tempo todo são uma série de possibilidades, várias realidades, prismas. Prismas. Não tenho mostrado a ninguém esses trabalhos (não há pra quem), portanto absolutamente não sei se prestam ou não – mas já não estou preocupado com isso. Acho que já não quero ser grande: no momento, conseguir sobreviver parece-me uma grande façanha.

A verdade é que me sinto um pouco como morto, aqui. Vivendo uma não-vida, não sendo (estou intelectualizando muito, evitando cair no sentimentalismo, na autopiedade), não acreditando, não esperando. Nada, no presente, tem algum sentido, alguma alegria. Revejo muito o passado, tento comparar situações, "extrair lições, ensinamentos": acho que é dessa revisão que têm nascido os contos de que te falei.

Como te falei, estou muito confuso. Há uma sensação estranha de irrealidade não só do que estou vivendo, mas de mim mesmo. Gostaria de pedir ajuda a alguém (às vezes suspeito de que tudo isso é extremamente perigoso); mas ninguém pode ajudar.

Creio que meus pais andam preocupados comigo. Quase não falo com ninguém. E desde que nos mudamos e passei a ter um quarto só meu, quase não saio e nossos contatos se reduziram ainda mais. É estranho, estranho. Acho que eles sentem, como eu, todo o absurdo de convivermos sem sabermos quase nada um do outro.

Moacir, Zali e Paulo insistem muito para que eu vá, agora ou daqui a algum tempo, para Bethânia. Preciso pensar sobre isso. Não quero ir fugindo, como de outras vezes, para voltar dentro de algum tempo, ainda mais confuso. Desta vez será preciso sair para não voltar. Qualquer decisão que eu tome, agora (dei-me um prazo até o fim do ano), terá que ser definitiva: definitiva no sentido de tentar construir alguma coisa específica, determinada, de ter um objetivo e lutar para chegar a ele. Preciso disso para não me sentir solto e sem sentido.

Sinto saudade de você. Aquela última vez que nos vimos, em junho ou julho do ano passado, foi muito terrível para mim. Creio que disse isso para você, não foi bom sentir o distanciamento, o monte de coisas que se perdeu ou se modificou. E não fomos capazes de conversar. Isso tem acontecido em relação a muitas outras pessoas, quase que diariamente (naturalmente é menos terrível, porque elas não têm a mesma importância que você teve ou tem), e sinto que fico cada vez mais reduzido a mim mesmo. E quanto mais isso acontece, menos me tenho e menos tenho os outros, não sei se você me entende. Sinto-me cada vez mais impotente, pobre e ignorante, cada vez mais inábil, mais tosco, mais primário, mais inseguro. Antes, fazia uma ideia mais otimista de mim.

Não era, absolutamente, essa a carta que eu queria te escrever. Queria uma coisa mais clara, mais ampla, menos subjetiva. Mas, no momento, estou mesmo é assim. A frieza – se parece frieza – é apenas controle, para não tornar tudo ainda mais difícil. Queria demais que você me escrevesse, que não perdêssemos o contato como aconteceu. Só me escrevendo você estará ajudando muito. E eu estou precisando de ajuda.

Estou mandando um recorte de um artigo que escrevi há algum tempo sobre um teatrólogo gaúcho, onde cito você. Se você me escrever, gostaria que contasse das suas novas novelas, das quais Moacir me falou. Um abraço para Dante, outro para Zé, outro para Geraldo.

O carinho de sempre e um beijo do seu

Caio.

No final de 1972, Hilda envia um cartão de natal cheio de intenções ao Ilustríssimo sr. Caio Fernando Abreu, que passa as festas de fim de ano com a família em Porto Alegre. Além dos votos de feliz ano-novo em palavras manuscritas, ela risca a palavra "cordiais", impressa no cartão, e rabisca sobre ela a palavra "ardentes".

Caio querido,
Saudades enormes. O que há com você?
Desejo todas as alegrias para 73. Gosto muito de você.
O Zé manda muitos abraços. Ele ganhou o primeiro prêmio do Conselho Est. de Cultura.
Dante está trabalhando com o pai.
Ainda não vendemos a fazenda.
Qadós sai em Abril pela EDART.
Escreve para a caixa postal 1537
Mesmo endereço. Conte tudo de você.
Quando nos veremos?

Beijos,
Hilda

1973

Em 1973, Caio viaja para a Europa. Vai para Estocolmo, onde vive por alguns meses e depois se estabelece em Londres, trabalha em fábricas, lava pratos, faz faxina e mora com um grupo de amigos num *squatter*, experiência que marcaria sua obra. Londres fica em sua pele como tatuagem. É jardineiro e modelo vivo numa escola de Belas-Artes. O livro *O ovo apunhalado* recebe menção honrosa do Prêmio Nacional de Ficção.

Escreve aos pais:

> (...) consegui um emprego lavando pratos num bar, estou vivendo uma baita experiência: o orgulho e a vaidade que eu pudesse ter têm escorrido pelo ralo da pia, junto com a água e o detergente das panelas. No mínimo, é um tremendo exercício de humildade – e eu me sinto mais forte, mais humano.

Carta escrita no verso de um flyer, com a propaganda de uma loja de roupas:

Paris, 15.5.1973.

Hildinha, *ma chérie*: veja só, estou aqui, sentado num café da esquina da Rue des Écoles, com o Boulevard Saint-Michel no Quartier Latin. Paris é uma glória! Estou aqui apenas há 4 dias, mas já completamente apaixonado. Amanhã vamos para Estocolmo, trabalhar. Mas quero voltar, talvez morar em Paris. A Espanha foi chata: repressão, caretice, frio. Não gostei. Ainda não conheci pessoas maravilhosas, exceto um hindu, ex-discípulo de Ravi Shankar, que tocou cítara para nós uma tarde inteira. Não procurei Gofredo: Marisa é que tinha o endereço – mas nos encontramos e nos perdemos em Barcelona. Acho que a minha cuca está boa.
    Tenho me limitado a olhar as coisas. Meu amigo Augusto está lendo teus poemas e amando. Espero que *O verdugo* esteja indo bem. Li uma crítica muito imbecil na *Veja*. De Estocolmo mando o endereço para que você me envie *Qadós* logo que sair – promete? Quanto ao meu concurso, ainda não soube nada, estou na maior aflição. Dê um grande abraço no Zé. Outra hora escrevo para ele. Tem um solzinho gostoso e mil pessoas loucas passando.
    Beijos,

Caio

Estocolmo, 20 de junho de 1973.

Hildinha querida: saudade. Faz horas que quero te escrever, mas é quase impossível, com estas andanças todas – hoje parece que consegui um pouco de paz e esta máquina de escrever, emprestada por um rapaz português, Bernardo, exilado político, poeta e escultor maravilhoso. Tudo bem. Tem tanta coisa pra contar que eu não sei ao certo por onde começar, e penso se não será melhor resumir tudo nesse "tudo bem".

Estou trabalhando num restaurante, lavando pratos 8 horas por dia. É um trabalho duro, do ponto de vista físico, nos primeiros dias eu morria de dor nas pernas e nos músculos das costas. Pensei até em escrever uma novela chamada *Mas não se lavam panelas?* Agora o corpo acostumou – e até é bom poder soltar a imaginação enquanto MILHÕES de pratos passam pelas minhas mãos, que até agora só sabiam de teclados de máquinas de escrever. Quanto à Suécia, é um país pós-industrial, com todos os bodes da supercivilização: incomunicabilidade, automação e quejandos. Ao lado disso, a natureza é linda, tem bosques e parques maravilhosos, com fiordes e esquilos, onde a gente pode passear e viajar. Tem sol até as 11 da noite, depois fica de uma cor de crepúsculo durante umas 3 horas, e o sol torna a sair. A gente vai dormir sempre com aquela sensação de ter badalado a noite inteira.

Eu estou mais ou menos bem, ainda não sei explicar bem o que acho nem o que sinto. Às vezes dói muito, outras vezes fico querendo notar em mim um crescimento, mas parece que a coisa é tão sutil que não se revela assim no mais. Tenho andado sozinho e com vontade de ficar mais sozinho ainda. Tô cansado de gente e de cidades grandes, de confusões afetivas e barulho de automóveis – esse cansaço me acompanha há muito tempo. Ando perto de Deus – ou do Mistério Maior, não importa o nome – e com vontade de me largar numa profunda de ioga, meditação e esoterismo. Acho que vou voltar em setembro. Para essas coisas e para o lançamento do meu livro que, você deve saber, ganhou uma menção honrosa do tal prêmio. Pelo menos vai ser publicado por uma boa editora, até o fim do ano. Eu quero estar aí para curtir isso – pouca coisa me interessa além do meu trabalho. Sairei daqui no fim de agosto, talvez passe um mês em Ibiza. A minha curiosidade esmoreceu um pouco com as toneladas de pratos e vejo que, sem dinheiro, a saída parece ser apenas essa. E acho que não vale a pena. É duro ter que voltar ao Brasil e começar de novo – parece que a minha vida continua a ser provisória, e eu tinha tanta vontade de me plantar em algum lugar, em alguma coisa, em alguma pessoa...

Não vi Gofredinho em Paris (amei a cidade – do que vi até agora foi o que mais gostei, é duma poesia e dum calor incríveis). Marisa tinha ficado com o endereço dele e nos perdemos em Barcelona. Foi pena.

Por favor, escreva contando MIL coisas. Estou curiosíssimo para saber como foi a temporada do *Verdugo* (se você puder, dê um grande abraço em Rofran Fernandes – eu me deslumbrei com esse cara) e como anda teu livro, o *Kadós*. Mande contar todas essas coisas e o que mais tiver acontecido. Zé está bem em sua nova vida paulista? Espero que sim, adorei poder me comunicar com ele desta última vez e senti-lo tão mais maduro.

Não deixe de escrever. Você não sabe a importância que tem uma carta nesta puta distância. E por favor, cuide-se. Confesso que fiquei um tanto preocupado com você em abril. Tive medo que você estivesse à beira de escorregar para uma solidão ou uma carência dolorosa. Mando forças e boas vibrações. Não esqueça que sempre você vai poder contar com este amigo aqui (ou aí, tanto faz – a distância é só uma convenção geográfica, não é?) que, complicado ou não, te ama muito.

Um grande beijo,

do seu Caio

O endereço:
Kungshamra 71/310
17170 Solna – Sverige (Sweden)

Londres, 2 de agosto de 1973.

Saudade – ausência de você, e a vida se renovando todos os dias, sem roubar você da minha memória – saudade que não é ausência, porque de tão tangível quase fico ao teu lado – e em pensamento – ou numa outra dimensão – é realmente aí que estou, é realmente daí que nunca saí, ouvindo, aprendendo curtindo suas lições de tanta vida, que seu livro me trouxe outra vez – ou tornou a renovar, porque repito: você nunca se apaga em mim – saudade – presença, perto-perto do seu selvagem coração, da luz que você tem.

Hildinha, tenho vivido, tenho aprendido – estou nascendo de novo e outra vez volto a acreditar, a esperar. Não é fácil nascer, você sabe, é sempre com dor e sangue que se aprende – mas alguma coisa começou a se *fortalecer* em mim. Passei três meses de treva na Suécia: eu me sentia exatamente como se me tivesse perdido da luz, e que precisava ir até o fim da escuridão, porque não havia nenhum atalho, nenhum entrecaminho. Me perdi da magia, da beleza – tudo me parecia apenas duro, sujo, sem sentido. O povo sueco é feito de robôs padronizados, tudo igual, tudo meio morto – e eu me perdi completamente de mim. Não sabia porque estava lá, sem entender nada, sem acreditar em nada. A decisão de continuar na Europa ou voltar ao Brasil foi uma decisão de vida ou morte. Eu sabia que se ficasse, seria obrigado a me renovar, a me reconstruir inteiro, descobrir objetivos, interesses – voltar seria ceder à inércia e à escuridão, e esse quase pânico visceral que tenho de viver. Agora, aqui, ainda não me reencontrei completamente – mas sinto que estou a caminho, apalpando, reconhecendo. Já consigo *dizer* (na Suécia era um vazio tão enorme que eu nem falava) e me movimentar, ainda com medo, com insegurança, mas consigo.

Amanhã nos mudamos para um apartamento – eu, Augusto e Marisa. Em seguida começo a trabalhar –, acho que vou para uma fábrica, como operário. É começar de novo, enfrentar outra vez. À tarde estudo inglês numa escola, aos poucos a minha língua se desenrola e a mente compreende mais. O cotidiano, o avanço lento.

Mas "AGDA" (1º)

Agda me sacudiu, me doeu, me fez sangrar e morrer um pouco. Eu li duas, três vezes – e cada vez me doía mais – porque eu entendia – e mais: porque eu sou também Agda, uma das minhas partes, um dos meus eus, que eu nunca tinha encarado (nunca tive coragem de) "com esse lodo na cara, mastigando a mim mesma, cera esbraseada consumindo-me e conhecendo-me sem nojo, goela escancarada, lívida alquimista". É tão maior que apenas literatura, palavras, pedaço de vida, uma coisa *real*. Te conheço, te acredito, te amo muito mais depois de Agda – eu acho que é preciso uma coragem imensa, uma total falta de *couraças*, de qualquer espécie de autocomplacência – imagino que escreveste como que esbofeteando tua própria face de Agda – que também é minha –, entregue a ela como se fosse tua única face e como se Agda estando perdida, estivesses também perdida – e na verdade estás, e na verdade não estás porque também és Lázaro, Unicórnio, Qadós, Agda segunda. "Vontade de ver tudo de novo, ver, tocar pela primeira vez. Não as primeiras carícias, nem as segundas, a primeira. Que grande maravilha." O corpo e a vida que se perdem – mas não se perdem –, eu guardo comigo todas as carícias e os toques, nada morre, apenas se deposita para formar o grande mar da memória que nos alimenta e nos impulsiona, nos mata e nos vitaliza.

"Limpa o pátio, cuida das flores, põe água no cactus."

Limpa teu corpo, tua casa, cuida do sujo (que também é teu) – rega teus espinhos (mas os cactus não precisam de água), dá vida ao absurdo de todos os dias.

"Nunca mais, nunca mais ninguém me tocar."

Chegou hoje da Suécia um grande amigo, português, Bernardo, pintor e poeta. Veio entusiasmado com o teu livro, sobretudo com Agda (Rofran enviou para o endereço dele) – e quer escrever alguma coisa sobre para os jornais portugueses com os quais se corresponde. Pergunta se você poderia enviar dois exemplares para o endereço dele na Suécia – um para ele, outro para Aragão, um poeta português. Não é muito – Portugal também não é absolutamente a glória –, mas acho que você devia fazer isso – no mínimo, pode abrir portas para outros contatos. Bernardo disse muitas coisas sobre o livro, mas o que me revelou que ele realmente havia entendido foi a observação que fez sobre a tua ligação com a *terra*: "– Ela é tão terra que apesar de toda a inovação formal me parece um autor medieval." O nome e o endereço do Bernardo são: Bernardo Pestana, Bergshamra 11/122/ 17170, Solna / Sverige.

16.10.73

Passaram alguns dias, mudamos para o nosso apartamento e aconteceu muita coisa. Estou bem, mas preocupado. O inverno está chegando e eu sinto na *alma* a falta do sol. Dinheiro acabou – toca a procurar trabalho. Mas encontrei uma pessoa que tem me ajudado muito. Chama-se Nelson, estuda dança, é cubano, mas saiu de lá com 11 anos. Sinto um pouco de medo, enfrentar tudo isso não vai ser fácil, eu sei. Por favor, me escreva sempre. Eu preciso muito. Perdoe a desordem, o silêncio prolongado, tudo que não está bem. É raro, difícil tempo para escrever. Tenho feito vibrações boas, velas, incensos. Parei com a carne, diminuí o cigarro e entrei numa de *no drugs*. Saudade, carinho enorme por você. Marisa fala muito em Zé. Peça a ele que nos escreva. Tudo de bom. Teu, Caio

1974

Em 1974, Caio, decepcionado com a vida londrina, escreve:

> Apanhei uma alergia profunda ao *flower power* anêmico que viceja por essas bandas. O *underground* é coisa morta. Curti barras incríveis, coisas incontáveis por carta – a beleza hippie dos anos 1960 se decompõe nas caras esverdinhadas e sem dentes da heroína. Hildinha, é horrível. Dói muito, dói para caralho você ver assim na sua cara que realmente parece não haver saída. Afora criar (com muito sangue, com muito ódio) e procurar discos voadores pelo céu.

Volta ao Brasil e leva tempo até se adaptar de volta, passa meses em depressão. Faz terapia, trabalha como ator em Porto Alegre, na peça *Sarau das 9 às 11*, com o grupo Província. Escreve suas coisas e também colabora com órgãos da imprensa alternativa: *Opinião, Movimento, Versus, Ficção, Inéditos, Paralelo, Escrita*.

Londres, 26 de março de 74.

Hildinha, penso, repenso em você e não consigo imaginar como está. Minhas cartas ficaram sem resposta, minhas mensagens telepáticas não chegam até você. Mas tudo bem. Brasileiro aqui em Londres quando encontra outro fala mais ou menos assim: "– Olha, perdi o emprego, não encontro outro, fui despejado do quarto onde morava, ontem levei uma geral da polícia, me pegaram roubando num supermercado, meu velho não quer mandar grana, tô com piolho, não tomo banho há três dias, meu amigo foi preso com 100 ácidos em cima, perdi meu passaporte e a embaixada não quer me dar outro (pausa de um minuto, suspiro.) – "Mas tudo bem." Preciso dizer mais?

Tô voltando. Sem ironia, estou realmente bem. De cuca, pelo menos. Acho que soube elaborar e compreender toda a experiência, renascer quase todo o dia, lúcido ainda o suficiente pra sacar que o ciclo fechou e é tempo de partir. Envelheci uns 20 anos "Vi como um danado" e levei porrada de todos os lados, inclusive os que julgava mais fortes. Meu ego fez puf! E já era. Lavei privada, tirei lixo, apertei parafuso em fábrica, fiquei doente, senti frio, fome, tive vontade de morrer, de voltar, aprendi a odiar etc. etc. Me sinto vivo como nunca. Tudo é mais real, e eu cresci.

Sinto uma vontade louca de viver. Ficou uma coisa que eu não tinha: uma consciência social, uma vontade de criar, de fazer alguma coisa. Volto por causa disso, principalmente. Para os meus livros – com muito a dizer. Decidi voltar – e acho isso ótimo – justamente quando as coisas começam a querer dar certo: cerca de um mês atrás arrumei um emprego de modelo, numa escola ótima. Pagam bem, é legal, fiz "sucesso" e pintaram convites para outras escolas. Mas eu já tinha sacado que não é aqui, que não quero isso. Hildinha, tá tudo agonizando aqui. Tudo caindo aos pedaços, inclusive – ou principalmente – as pessoas. Lixo de séculos acumulado nas ruas e nas cucas. Mesmo o que se vê em arte – teatro, por exemplo – é velho. Conservador. Cansei. Escrevi à mãe pedindo a passagem. Se ela puder mandar, vou logo, meio que em maio. Caso contrário volto à Suécia pra trabalhar e pinto aí em setembro.

Depois de muito tempo, voltei a escrever. Tá saindo uma peça – e mil ideias pra mil coisas. A cuca ferve! Mas quase não há condições de escrever: trabalho 11 horas, não tenho máquina e há sempre mil grilos de moradia (moro numa *squatter house* – casa muito velha, abandonada para demolição – não se paga nada – mas tem polícia e grilos, grilos). Voltando, pretendo curtir um mês de lençóis limpos e estômago cheio em Porto Alegre. Depois, acho que terei mesmo que ir para São Paulo. Quero transar uma bolsa para escritores latino-americanos em Iowa, USA – aprendi bastante inglês e talvez meus livros tenham condições. Mas é coisa a ser transada. Até lá, é batalha. Mas já não tenho medo. E se saí inteiro desse *round*, outro não me derruba mais, pode crer.

Tenho um livro pra lançar aí – ainda aquele do concurso. A Expressão e Cultura se desentendeu com o INL, e o livro acho que sairá por uma editora gaúcha mesmo. Uma merda, mas, enfim, melhor do que ficar engavetado. Queria que a Lygia escrevesse a orelha. Não sei se você tem estado com ela. Em caso afirmativo, *please*, fale sobre. Seria uma força.

Comigo sempre Agda e os seus poemas, que já andaram por meia Londres. Esteve aqui uma moça paulista, Leona, pessoa maravilhosa. Dei seu endereço pra ela te procurar, mandar notícias tuas.

Literatura, pouco. Mais Tarot, I-ching, Alquimia, Astrologia, coisas assim. Discos voadores nos céus de Londres e coisas me dizendo que essa coisa-Europa está no fim. Lembro Nostradamus, e faz sentido.

Apanhei uma alergia profunda ao *flower power* anêmico que viceja por essas bandas. O *underground* é coisa morta. Curti barras incríveis, coisas incontáveis por carta – a beleza hippie dos anos 60 se decompõe nas caras esverdinhadas e sem dentes da heroína. Hildinha, é horrível. Dói muito, dói para caralho você ver assim na sua cara que realmente parece não haver saída. Afora criar (com muito sangue, com muito ódio) e procurar discos voadores pelo céu.

Sol tá voltando. Seis meses sem ele. Uma barra. A cidade escura, nevoenta. As árvores todas mortas. Agora tá voltando. As pessoas ficam meio enlouquecidas e eu saio cantando "Here comes the sun". Lembro e entendo – agora – as velhinhas suecas estáticas, de olhos fechados e caras voltadas para o sol. Faz seis meses que não piso descalço na terra. Sol é importante, terra é importante. Céu com estrelas. Tenho algumas certezas, agora, que sobraram dos sonhos que eu trouxe e que morreram todos.

Não te peço pra escrever. Você não escreve mesmo. Escrevo só pra dizer que tô muito vivo, ainda – que você continua dentro, perto de mim, e que te lembro, te penso, te gosto sempre, todos os dias. Acho que daqui a pouco a gente se vê. Até lá, um beijo.

Take care. teu,

Caio.

C/O Ronaldo Vicentini
23 Winchester Rd
NW London – England

Londres, 4. 4. 74

Hildinha querida – recebi sua carta. Enfim! Fiquei feliz demais por saber que vc está bem, trabalhando e crescendo. Foi um dia lindo o que te recebi: tinha saído sol, depois de muito tempo – e eu andava passeando por Portobello e Chelsea, na beira do rio. Fiquei muito emocionado e te mostrei para um amigo. Gostei sobretudo de saber da poesia. O título é lindo.

Eu tô mesmo voltando. Por meus cálculos a passagem deve chegar lá pelo dia 15 de abril. Queria ir imediatamente – mas estou tentando juntar algum dinheiro pra não chegar aí duro. Como a passagem tem valor de um mês – creio que, no máximo, até 15 de maio estarei aí. Realmente não aguento mais.

Meu plano é passar um mês no sul, com minha família. Depois não sei. Talvez você quisesse me receber para uma temporada na fazenda – um mês, no máximo. Eu gostaria demais. Tenho tanto para contar, tanto para ouvir.

Estou escrevendo *potes*. Como não há condições (não tenho máquina, trabalho 12 horas, gasto + 2 no metrô), não tem nada pronto. Quase só anotações. Uma peça, um romance, alguns contos e poemas, uma longa estória para crianças. Volto para o meu trabalho. É o que me importa, o que acredito. Meu coração tá cansado de gentes.

Ando triste. Mas bem. Na verdade ando muito triste. Compreendi tanta coisa, vi tanto. Sei lá. Deixei de acreditar, um pouco, de ter esperança. Isso aqui está aos pedaços. As pessoas também. Ou principalmente.

Leio Manuel Puig, um argentino, *La traición de Rita Hayworth*. É muito bom, como técnica, como linguagem. Às vezes lembra você no desencanto, no aparente caos.

Estou fascinado por minha peça. Acho que nunca poderá ser montada – é duma violência incrível. Meio que estou jogando nela todas as minhas vivências. Quero muito mostrá-la a você e a Rofran Fernandes.

Zé – que PUTA saudade! Penso sempre, sempre nele, com seu olho limpo, cheio de compreensão e amor. Marisa e eu falamos muito nele. Tenho tanta fé. Que não se perca, que não se machuque, que conserve seu olho limpo.

A sensação, quando te li, foi a de que ainda tenho *amigos*. Te amo muito. Um beijo para o Dante. Até o nosso reencontro intenso e verde, te pensarei todos os dias.

Teu,

Caio.

Porto Alegre, 6. 6. 74

Hildinha,
É mais um bilhete de chegada. Ainda estou muito no ar, muito em estado de choque para aprofundar qualquer impressão. Embora sejam quase todas negativas. Objetivamente tudo bem. Hoje completei uma semana de Brasil. E estou vivo. O que é alguma coisa. Fiquei 5 dias no Rio (que *não* continua lindo) e estou com 2 de Porto Alegre. Papos furados. As pessoas estacionadas no tempo, engordando e comprando carros, apartamentos, falando e fazendo exatamente as mesmas coisas de 13 meses atrás. A sensação é de que o tempo parou por aqui. E de que não tenho nada a ver. Tá doendo e sendo difícil. Mas não estou nem um pouco arrependido (ainda), cresci demais, meu olho se abriu muito e, com minha paciência macrobiótica, vou transando com a maior delicadeza, o mais *slow* possível.

A cidade poluidérrima e um surto de hepatite devido à contaminação da água. Meu pai doente e minha mãe numa *bad trip* incrível, chorando, se achando um lixo, muito envelhecida. Dói demais e eu fico tentando dar força. Meus irmãos plantados em frente à televisão, assistindo imbecilidades inacreditáveis. Minhas irmãs adolescentes, com problemas homéricos. Saio na rua e fico todo machucado com as coisas que agora vejo e que não tinha olho para ver antes. Hildinha, é demais triste, demais feio.

Mas continuo achando que aqui ainda tem jeito. Lá está irremediavelmente velho, irremediavelmente podre. E tem o meu trabalho, foi o que me trouxe. O reencontro com a máquina foi lindo. É meu chão. Mas ainda não deu pra começar. Tem muita gente chata querendo saber coisas idiotas e também ainda não aterrissei bem. Estou meio apatetado. As pessoas me acham saudável, bonito e tal – e eu me sinto cheio de energia. Mas a solidão é muito forte e choro um pouco, escondido, mas sei lá, sei lá, vou tocando, acendo vela, queimo incenso, olho muito pro céu e toco nos meus amuletos e se em volta não tem nada, rebusco na memória as coisas e as pessoas lindas que pintaram algumas vezes e então encontro força para esperar até que pintem de novo – é uma questão de tempo. E tudo passa depressa e daqui a pouco já vai ser passado.

Mona me escreveu pra Londres ainda, falando que o seu livro de poemas tinha sido o maior sucesso. Você poderia me enviar um? Queria dar uma geral em Literatura brasileira, mas cheguei quebrado e vou continuar até que o astral queira – então, se você tiver com você coisas novas, saídas de um ano para cá e que você já tenha lido ou não goste ou não queira, se puder, por favor, mande, seria uma bênção.

Pensei e penso muito em você. Pudesse, ia te ver agora, já teria ido. No momento não dá mesmo. Além da dureza, tem a transação do meu livro e minha mãe tá me preocupando demais mesmo. Vou ver se consigo botar ela numa de ioga ou macrô ou qualquer coisa assim. Entendo todo o bode, a vida perdida, sem nenhuma compensação, o tempo todo que passou e não volta, o marido enchendo o saco, os filhos enchendo o saco, a maldita moral cristã mandando sacrificar-se pela família e esperar o que Jesus prometeu – olhar pra trás e ver o grande vazio de amor e de alegria que foi tudo não deve ser fácil. E ela não consegue entender que tudo isso está na mente dela.

Sei lá, sei lá, estou todo dolorido das porradas levadas lá e destas que começo a levar aqui. Mas meu coração tá contente. Eu tô vivo e, talvez um pouco inutilmente, como o seu Unicórnio, eu acredito eu acredito eu acredito eu acredito eu acredito.

Não me deixe sem você. Venha pelo menos em livro, em carta, em vibração. Nós somos muito bonitos, nós somos os únicos girassóis desse reino pobre e sujo. Continue indo pra cima e não me prive da sua luz, do seu amor.

Te amo muito. Que você esteja feliz e em paz com o de dentro e o de fora.

Um beijo do seu,

                 Caio

Porto Alegre, 17.12.74

Hilda:
Para desejar a você, Zé e Dante um Natal feliz, um novo ano cheio de coisas bonitas. Esses votos de fim de ano sempre soam tão convencionais, não é? Mas eu gostaria mesmo que vocês estivessem tranquilos, em paz.

Comigo, tudo na mesma. Consegui passar de um período muito difícil – meu Deus, foi negro, acho que estive completamente louco. Continuo deprimido e isolado, sem interesse por coisa alguma e sem saber o que fazer da vida. Ultimamente tenho conseguido escrever algumas coisas novas – creio que vou tentar o concurso do Paraná. É uma boa grana, com ela talvez eu conseguisse fazer alguma coisa, ir para algum lugar. Tenho pensado até em voltar à Europa.

Meu livro deve sair no começo do ano que vem. Isso, esse atraso, também contribuiu para me deprimir. Afinal, eu tinha voltado principalmente por causa disso. E todas estas crises, editoras falindo, etc. etc. Eu vejo tudo no Brasil extremamente sem perspectivas. Teatro, cinema, literatura, música – tudo estagnado, agonizante.

Gostaria muito de vê-la. Muito mesmo.

Tenho lido Ronald Laing – aquele cara da antipsiquiatria –, que me ajudou muito a reconhecer alguns processos esquizoides e tentar detê-los. Estou confuso e muito sozinho, completamente sem graça e sem alegria. Já estive assim outras vezes – mas nunca durante tanto tempo. Sei lá, vai passar quando tiver que passar.

Não escrevo mais porque acho horrível ficar me queixando. Não existe nada mais chato que autocomiseração. E nem sempre consigo evitá-la.

Espero que você esteja criando. Tenho vontade de ver seus novos textos. Pense em mim, por favor, mande um pensamento claro.

Um beijo do seu amigo,

Caio

Porto Alegre, 30.12.74

Hildinha muito querida:

Mandei a você uma carta deprimida e deprimente. *Sorry.* É por isso que às vezes prefiro não escrever. Bem, melhorei. Não sei ao certo o que aconteceu – mas de alguns dias para cá tenho me sentido como a Bela Adormecida deve ter se sentido ao despertar. Um novo gosto de mel e girassóis na boca. Pedi tanto, estava tão desorientado, queria só recuperar essa alegria funda de estar vivo. E recuperei. Acho que captei a energia que você deve ter enviado. *Thanks.*

Arranjei até um trabalho, veja só: leitor de originais do Instituto Estadual do Livro. Faço pareceres sobre originais inéditos, dizendo se têm ou não nível para ser publicados. Pagam $250 por cada um, faço uns 4 ou 5 por mês. É legal, não preciso sair de casa, e assim apito um pouco (modestamente) em quase tudo que se publica por aqui.

Outra boa notícia – um conto meu, "London, London ou Ajax, Brush and Rubbish" está sendo FILMADO em Londres por um cara chamado Johnny Rosza, filho de húngaro com tcheca, nascido no Quênia. É apenas um curta-metragem não comercial, para ser exibido em cinemas de arte, como o Electric (uma garagem em Portobello Rd). Mas tudo bem, não é?

Fui interrompido pelo Maciel, que veio me convidar para um réveillon – ele está lindo e mandando mil abraços e beijos pra você. Ele andava meio em crise, readaptação difícil – morou 5 anos na Europa e voltou só há quatro meses –, mas agora tá legal, a todo vapor. Estamos tramando uma edição de uns 30 exemplares de 7 contos meus, ilustrados por ele – está trabalhando com óleo, fazendo coisas altamente iniciáticas.

Consegui retomar a pena – estou mandando para você meu último conto. Fica assim como uma prova de que melhorei. Espero que você goste.

Um 75 gordo, farto e lindo para você e os que estão ao seu lado. Por favor, escreva, conte coisas.

Um beijo e todo o meu amor,

Caio

1975

O livro *O ovo apunhalado* tem trechos censurados, mas é indicado pela revista *Veja* como um dos melhores do ano. A peça *Pode ser que seja só o leiteiro lá fora*, escrita em Londres, recebe o prêmio de leitura do Serviço Nacional do Teatro (SNT). Caio parece mais integrado à vida no Brasil:

> Ando feliz, fazendo muita ioga e amando (veja só). O verão foi lindo, agora está se indo, tomo elixir de mulungu para dormir, tenho vontade de sorrir pra todo mundo e dizer coisas bonitas – faz quatro meses, quase: sorrio pra todo mundo e digo coisas bonitas.

Gay Port, 12.3.75.

Whatever happened to Hilda Hilst? – é o que tenho me perguntado quase todo dia. Ainda não encontrei a resposta. E não quero insistir. Só espero que você esteja contente.

Eu estou ótimo. A crise de chegada durou seis meses. Mas passou. Como tudo. O momento agora é claro, de trabalho e amor. Renovação. Superei sozinho – foi incrível. Todos os apoios falharam, e eu consegui me sustentar, apoiado em mim mesmo, no que já tinha vivido. Agora é como aquela lápide do Vonnegut Jr.: "Tudo era bonito e nada doía."

Estou escrevendo quase que "a negócios". O seguinte: devo assumir, semana que vem, o cargo de crítico literário da *Folha da manhã*. Terei uma página semanal, inteiramente livre. Pensei em dividi-la em pequenas seções: uma crítica mais ou menos extensa sobre um lançamento recente; uma seção de notícias (concursos, seminários, coisas assim) e uma outra que se chamaria, por exemplo, "Vale a pena ler de novo", qualquer coisa assim – onde pudesse comentar livros lançados há algum tempo. E aí entra você. Quero divulgar o seu trabalho. Acontece que só tenho a antologia, o *Noviciado* e *Qadós – Fluxo-floema*, os dois que eu tinha, ficaram um com Antonio Bivar outro com Maria Bethânia. Então, se você pudesse mandar um seria muito bem-vindo. Também, se você tivesse uma notícia sobre você mesma – um novo livro, por favor, mande. E qualquer coisa sobre Zé Luiz.

Eu ando fazendo muitas coisas. Estou trabalhando como ator, numa peça infantil, "Serafim-Fim-Fim" – já estreamos, tudo bem. Faço o Autor, que se transforma em Batman para provar que na vida a gente pode ser o que quiser. Fim de abril começo a dirigir minha própria peça, escrita em Londres, que tem sete títulos (o principal é *Uma visita ao fim do mundo*) – estreia marcada para 12 de julho. Também tenho trabalhado como leitor de originais para o Instituto Nacional do Livro. E nas minhas coisas, claro. Estou com um novo livro de contos praticamente pronto, a chamar-se *De várias cores retalhos* – uma peça infantil, uma novela, um romance, uma peça para adultos em andamento. Também estou me mudando. O endereço continua este. Apenas cresci, juntei força$ com dois amigos e estamos procurando uma casinha onde se possa ter um jardim, um pátio, árvores, cachorrelhos e muita paz. Tenho duas plantinhas no meu quarto, uma bicicleta chamada Mercedes e um gatinho, Onírico Saturno. Também aprendendo flauta. Nos intervalos, monto um teatrinho de fantoches com Augusto e leio *A chave dos grandes mistérios*, de Eliphas Lévi. O ano que vem penso em fazer Peru-New York-Itália-Grécia-Índia, mas antes queria comprar uma terra por aqui – então não sei se será po$$ível.

Ando feliz, fazendo muita ioga e amando (veja só). O verão foi lindo, agora está se indo, tomo elixir de mulungu para dormir, tenho vontade de sorrir pra todo mundo e dizer coisas bonitas – faz quatro meses, quase: sorrio pra todo mundo e digo coisas bonitas.

Como vai você? O céu anda cheio de discos voadores e os crepúsculos têm durado duas horas. São roxo e dourado. A Europa já pousou feito poeira no fundo de mim. Não sou mais o mesmo: a dor foi tanta que agora tudo me alegra. Venci o grande poço de mim mesmo – os próximos serão menos escuros, tenho certeza.

Mando a coluna pra você, quando sair.

Um beijo do seu amigo de sempre,

Caio Fernando Abreu.

24.4.75

Hildinha:
com alguns dias de atraso – mas o coração cheio de amor – os meus votos de feliz aniversário. Uma ótima revolução solar, um ano cheio de coisas lindas. Beijos do seu, sempre, mesmo que você não escreva *never more*,

Caio

Porto Alegre, 28.6.75

Hilda querida:
Seu silêncio às vezes me dói e eu não entendo. Não sei absolutamente nada sobre você. Se você quisesse/pudesse mandar dizer alguma coisa eu só ficaria contente.

Estou mandando esse livrinho que a gente fez e editou – com muita dificuldade. Foi lançado faz dois dias, parece que as pessoas estão gostando. No mínimo, dá ideia: provar que é possível *editar* a baixo custo (o preço de venda é só $10), sem passar pelos cornudos editores, como você diria. Tem dois contos meus bem recentes, que eu espero que você goste. O nível é bem desigual, tem coisa ruim – mas gosto muitíssimo do trabalho do Sérgio Capparelli, da linguagem de Jane Araújo (uma grande amiga) e do Valdir Zwetsch. Gostaria muitíssimo que você desse a sua opinião, seria importante para mim.

Aproveito também para mandar uma cópia da minha peça. Eu estava com tudo pronto para começar a dirigi-la, já tinha gasto algum dinheiro com a produção, quando veio o NÃO da Censura Federal. Foi proibida completamente, sem explicação. Não sou o primeiro, não é? Tem mais de 450 textos proibidos. Também, infelizmente, não serei o último. Mesmo assim, doeu muito.

Talvez meu livro saia até o fim do ano. Está tudo muito enrolado. De repente, sem saber como, virei autor malditíssimo. A Lygia escreveu uma apresentação linda pra ele.

Espero que o Zé esteja bem, que você esteja feliz. Aqui, a gente navega. Como diz o Tarot: "a favor dos ventos ou contra todos os ventos." Que navegar é preciso, não é?

Acho que me quedo por aqui até dezembro. Depois, meu objetivo é a Índia. Pra demorar muito. Uma vontade meio rimbaudiana de me perder no mundo. Eu e Jane estamos montando um teatrinho de fantoches para arrecadarmos essa grana para voar daqui. Estou bem, às vezes fico muito contente. Converso com as plantinhas, faço ioga e toco flauta quase bem, ouço Bob Dylan e leio Walt Whitman – é nessas horas que fico contente. Sinto sua falta e seu silêncio dói. Continuo o mesmo (alguns séculos mais velho) e muito seu amigo.

Um beijo do

Caio

1977

Em 1976, Caio escreve críticas teatrais na *Folha da Manhã*, em Porto Alegre, e participa de duas antologias: *Assim escrevem os gaúchos* (Editora Alfa Omega) e *Teia* (Lume Editora). Em 1977, lança *Pedras de Calcutá*, livro de contos em que focaliza a juventude brasileira vítima da repressão política desencadeada com o golpe de 1964, e participa da antologia *História de um novo tempo* (Editora Codecri, 1977), livro histórico na literatura brasileira por ter sido o primeiro a reunir uma geração que se formou nessa década. Além de Caio, figuraram Antonio Barreto, Julio Cesar Monteiro Martins, Domingos Pellegrini e Luiz Fernando Emediato.

Porto Gelado, 19.5.77

Hildinha querida:
difícil, duro voltar. sem julinho e sem a sensação de coisas vivas à minha volta. um frio do caralho. paranoia e muito trabalho. esquentei a noite passada lendo "lucas, naim". LINDO. absolutamente verdadeiro, sofrido: um dos textos mais belos que já li. talvez porque me encontre – inteiro – nele. luto, luto. esse tempo por aí me despertou. estou divulgando seu livro. fui nas livrarias, pedi para colocarem na vitrine. ainda não para escrever a matéria sobre: *tem* que sair linda. foi muito bom reencontrar você, a fazenda, os cheiros, o clima. eu estou cheio de energia.
   um beijo do

                            Caio Fernando Abreu

P.S. – escrevi hoje pro jornal uma matéria enorme sobre *Ficções*. Acho que vai ficar linda. Mando logo que sair. Me manda energia boa. Aqui tá duro. Beijo no Zé, Olga, Israel, Edna, Dante.

Porto, 25. 5. 77

Hildinha:
É só um bilhete rápido, mas não (*I hope so*) rasteiro. Tô enviando uma xerox da matéria na *IstoÉ* sobre ocê, mais um recorte da outra que eu escrevi. Merda. A editora é uma anta total – eu tinha bolado uma página inteira, bem espaçada, com photo da capa do livro e alguns trechos. A anta apertou tudo numa metade de página com uma diagramação espremidinha, e ficou isso que tás vendo. Sobra (?) o texto. Que espero que ocê goste. É realmente o que eu penso/sinto a respeito do seu trabalho, escrito com uma linguagem meio

porca – uma redação com cerca de 60 pessoas absolutamente históricas, 40 máquinas batendo e 20 telefones tocando – tudo ao mesmo tempo.

Hildinha, tô cansado. Dias exaustivos. Tenho ganhado tantas batalhas, ou pelo menos, digamos assim, saído ileso (mais ou menos) de inúmeras pugnas (pugnas é bom, não é?). Hoje foi uma sessão dolorosíssima com o psiquiatra, pegue um pouco de Freud, acrescente algumas pitadas de Tennessee Williams, algumas de Sófocles (quiçá Eurípedes), três colheres cheias de Nelson Rodrigues – e terá uma ideia. Vaga. Foi hediondamente bom. Trabalho, trabalho, trabalho. Mas gosto. Tô cheio de coragem, acho que Marte me coroa esse ano. *Let's go.*

Fim de semana mudo pra casinha em Petrópolis. Anote lá: Rua Chile, 661, Petrópolis, 90000, Porto Alegre. Será bom. Sandra e Gui, com quem já morei muito tempo em London, London, enfrentando barras pesadíssimas. Sandra é professora de ioga aprofundada em alimentação natural; Gui é arquiteto, compositor. Ela Áries, ele Touro. Eu Virgem. Terra e fogo: será bom.

Tô gostando tanto de viver. Tem uma coisa que me estufa o peito todos os dias, um prazer quase obsceno.

Me escreve. Quero ficar ao par do transplante do Zé. Me escreve mesmo.

Beijo pra todos. Do companheiro, sempre,

                                        Caio Fernando Abreu

Finalmente, Hilda responde!

Casa do Sol, 23.9.77

Caio querido, saudade de você, recebi teu artigo, é lindo, tudo o que falas de mim, obrigada muito, tenho sempre vontade de falar com você e fico falando como se estivesse aqui, por isso é que demoro a escrever porque acho sempre que falo contigo a cada dia, vi tua entrevista e a do Julio Cesar na *IstoÉ*, é excelente, vocês estão brilhosamente lúcidos, comentamos, José Luiz e eu, do bom da matéria, vi depois a outra no *Pasquim*, também é boa, mas vi que os que entrevistavam pareciam irritados, incrível isso das pessoas ficarem de repente agressivas numa entrevista, é comum com os escritores, o que será? Penso que isso de escrever provoca sempre no outro um desejo de, vontade de parecença, de posse, e em vez de acarinharem a gente, de dizerem olha, eu gosto tanto de ti, olha, eu também gostaria de ter a tua palavra, teu bonito lá dentro, em vez de dizerem isto, o que seria muito bom para a gente porque é sempre gostoso o carinho o desejo o gosto, pois bem, ficam dando chifradas e ironizando. Mas em todas duas vocês se saíram muitíssimo bem. Você sabe que Paulo Emilio morreu, e a Lygia ficou desesperada, foi tudo demais de repente, fiquei com ela uns 4 dias, tive medo que ela não aguentasse, depois tive que voltar, mas a irmã Lurdes e a Farida estão lá com ela. Ontem telefonei e já soube que ela está melhor, que está fazendo conferências, mexendo-se para suportar melhor a ausência do Paulo. Você sabe que eu tenho absoluta certeza que a morte não existe, sempre intuí e agora sei, porque as vozes no gravador são absolutamente reais, ando tentando chamar o Paulo Emilio para dar alegria à Lygia, mas até agora não consegui, talvez seja mais difícil conseguir porque eu não tinha grande afinidade com Paulo, demasiado formalismo dele, e uma certa irritação que ele manifestava em relação a mim, me achava muito febril, muito delirante e vezenquando discutíamos um pouco. Eu o queria bem mas não tínhamos coisas afins. Lygia vê a morte de um jeito terrível, bossa Bela Lugosi, disse isso a ela, e fica tudo muito escuro, muito terror, muito caixão terra podridão, isso é ruim porque não é isso, o corpo não é mais na morte, o eu real está vivo, atuando, conhece, e está livre. Daqui a uns 50 anos todo mundo vai ter certeza disso. Olhe, estive no Rio lançando o livro com Lygia e Edla, achei tudo muito festança boba, nem um só artigo sobre o meu trabalho, noticelhas bobas na coluna de Zózimo e Ibraim, imagine só, depois de 27 anos de trabalho ninguém sabe que eu existo, dei uma entrevista enorme para *O Globo* e saiu uma coisa mínima, toda cortada, enfim, uma bosta. Dia 25 vou para SP, há um encontro com editores e escritores, você não vem? Um tal de Thomas Colchie, americano, escreveu a Nelly que quer me traduzir e vai estar lá. Alguma esperança.

Saudades, beijo,

Hilda.

1978

Em 1978, Caio volta a viver em São Paulo, trabalhando como redator da revista *Pop*, depois na *Nova* e nos *Fascículos*. A partir dessa data, só sairia definitivamente de São Paulo para voltar a Porto Alegre, em 1994. Participa de uma antologia da literatura rio-grandense contemporânea e começa a escrever os contos de *Morangos mofados*, que seria seu livro de maior sucesso.

Sampa, 18. 12. 78

Hildinha, muito querida:
Fiz um esforço pra ver se conseguia passar um fim de semana antes do novo ano aí com vocês. Infelizmente não foi possível. Tem gente que dispõe do tempo dos outros (hoje estou muito irritado com esse tipo de coisa) e, além disso, andei saindo para outras bandas e também trabalhando muito. Depois de amanhã vou para Porto Alegre, passar o Natal e o réveillon. Devo voltar só lá pelo dia 2. Então queria deixar a você, Dante, Zé, pequena Olga e Ademar, aqueles votos tradicionais – somados aos de um final de década glorioso. Fiquemos fortes.

Morar com Rofran tá sendo ótimo. Minha vida mudou completamente. É um pique de atividade que não tem fim. Reciclei completamente minha vida sexual, o que é um alívio.

Ando meio irritado porque o excesso de trabalho na POP, mais uns freelancers que peguei pra NOVA não me deixam tempo livre pra trabalhar minhas próprias coisas. Às vezes é muito frustrante ter que aplicar minha cabeça em textos sobre surf ou ambientes eróticos para executivos. Tem jeito? Tem saída? Não tô vendo, a não ser esgotar isso para poder partir pra outra. Há o risco de afundar e me perder nisso. Mas tudo é risco.

Vantagens? Acho que até o fim de janeiro estarei com minha moto. O que deve ser bom. Mas tenho tido pouco tempo para ler e para aprofundar qualquer coisa. Na verdade, estou muito cansado de ser ótimo, enquanto à minha volta vejo pouco ou nenhum esforço. Tô muito cheio de queixas hoje. Deixa pra lá.

Quando você veio receber o prêmio, aqui, foi muito estranho. A gente ligou mais de uma vez pro hotel e diziam que você não estava lá. Na última vez que liguei, disseram que você já tinha saído. Não entendi nada e, como você não telefonou, a gente acabou não pintando.

Uma boa notícia: saiu um conto meu, traduzido, no *Gay Sunshine*, editado em San Francisco da Califórnia. É o "Retratos", que virou "*Portraits*". Também recebi uma carta de Jon Tolman, pedindo textos para uma antologia de brasileiros na *The Literary Review*. Ele me mandou o número que tem o seu "Grande Pequeno Jozú". Hildinha, tô muito angustiado com isso. Essas coisas todas só me estimulam a escrever – e não há tempo, não há condições. De repente esse ano vai chegando ao fim e eu só terminei a *Zona contaminada* e escrevi acho que quatro contos. É muito pouco. E a minha novela? E as ideias todas, muitas, que andam dando voltas na minha cabeça?

Sei lá, deve pintar alguma solução.

No mais, to lendo o livro póstumo da Clarice, *Pulsações*, e achando muito chato, repetitivo, aquela coisa de "Escrevo em estertor. Escrever me é. A luz se me entra. Cada palavra é o avesso de nenhuma" – entende? Ai, meu saco. Acho que ela morreu na hora certa, porque tava repetindo demais a receita.

Quando voltar, em janeiro, vou passar um fim de semana aí com vocês. Espero voltar do sul menos neurótico do que ando.

Que o novo ano traga muitas coisas boas pra vocês todos. Um beijo grande do seu,

Caio

1982

Em 1981, Caio sai da editora Abril e assume o cargo de editor da revista *Leia livros* da editora Brasiliense, onde conhece seu próximo editor, Luiz Schwarcz, que no futuro seria dono da Companhia das Letras.

Em 1982, depois de deixar as provas de seu novo livro na gaveta de outra editora por cerca de dois anos, rompe o contrato e lança, pela Brasiliense, um dos maiores sucessos editoriais da década, o livro *Morangos mofados*, espécie de continuação de *Pedras de Calcutá*: trata da mesma juventude, apodrecida e muda, que ele chama de "morangos mofados".

São Paulo, 26 de maio de 1982.

Hildinha:
Estou enviando a você essa revista aí. Acho que você vai achar engraçado. É que me pediram um "painel" de literatura feminina... Aí vai, então, na página 20. O texto é meio imbecilzinho, mas é que essa revista é feita – pasme! – pelo supermercado Pão de Açúcar, então se dirige às muié que ficam em casa cozinhando e tal, mas têm umas aspirações libertárias. Bem, divirta-se.

Olha, queria te dizer que foi bom demais estar aí nesse último fim de semana. Acho que há muito tempo não via você tão naturalmente bem-disposta, leve, engraçada. Voltei me sentindo ótimo. Também apanhar a bênção para os *Morangos* foi fundamental. Eu continuo me sentindo um pouco inseguro, não sei que as pessoas (?) vão achar e tal. Mas estou seguro comigo mesmo: realmente é o que eu tenho para dizer.

Mas é isto. Estou numa corrida – como sempre – contra o tempo, fechando o número de junho do jornal. E a patroa me explorando, me explorando... Não sei quanto tempo mais suporto o baixo-astral dela. Ando me sentindo meio só demais. Com esse frio, essa umidade, a casa de repente parece que cresce e eu fico bossa zumbi, subindo descendo escadas ao som dos noturno de Chopin. Mas rezo muito, tomo banhos de ervas perfumadas, acendo vela, queimo incenso. Gostaria muito de uma companhia, você sabe. Tenho escrito umas 10 páginas de diário íntimo por noite. Virginia Woolf perde...

Dê um beijo em Gisa, em Yara, em Dante. E fique em paz, fique feliz.

Do seu

Caio

1983

Em 1983, volta ao Rio de Janeiro e mora durante dois meses no Hotel Santa Teresa. Termina e publica o livro *Triângulo das águas*. Colabora com a revista *IstoÉ*. Reclama da falta de amor:

> Tenho lembrado de você, dizendo que não-vai-escrever- mais-e-o-que--importa-na-vida-é-o-amor. Não acho que não se deva escrever mais por isso (embora seja dolorosamente inútil), mas concordo. Quero casar, de alguma forma, quero porque quero. E não tem acontecido nada. Uns amores trôpegos, tudo pela metade, aos trancos.

Rio sem sol, 13. 06. 83

Hildinha, muito querida,
é rápida, só para passar o endereço novo e dar notícias. *Bueno*, tudo bem (já dizia o cara que se jogou do 30º andar, na altura do 2º) – estou aqui há quase um mês (faltam dois dias) e vai dando certo. Não sei bem o que seria dar certo, mas enfim, é agradável. Um hotel velhíssimo, cheio de velhinhos, alguns estrangeiros. Tenho um pequeno apartamento que dá de frente para uma mangueira, um pequeno abismo com uma ruazelha colonial lá embaixo, e a cidade maravilhosa a meus pés. Grana para sobreviver, no máximo, mais dois meses (já renunciei a táxis e coisas assim), depois – isola –, pânico geral. Arrumei uns trabalhinhos na *IstoÉ*, mas insuficientes.

Anyway, vou indo. Entreguei o livro novo ao Pedro Paulo, da Nova Fronteira, que me ligou hoje para dizer que tinha adorado. Alívio, eu estava muito inseguro, sem visão crítica. São três novelas, "Dodecaedro", "O marinheiro" e "Pela noite" (esta, a mais ambiciosa) – tudo sob o título geral de *Triângulo das águas* e o subtítulo de "noturnos" (passam-se as três à noite, terminam ao amanhecer). Assino o contrato na quarta, sai em novembro. Até lá, não sei como vivo. Já estive muito contente, agora estou apenas esvaziado com o livro entregue, fora de mim, cem vezes lido-relido-cortado-acrescentado-re-visado. Mais de um ano nisso.

Tenho lembrado de você, dizendo que não-vai-escrever--mais-e-o-que-importa-na-vida-é-o-amor. Não acho que não se deva escrever mais por isso (embora seja dolorosamente inútil), mas concordo. Quero casar, de alguma forma, quero porque quero. E não tem acontecido NADA. Uns amores trôpegos, tudo pela metade, aos trancos. Ou então trepadas pouco mais que profissionais, carentes, incompletas. O que se faz? Penso em renunciar a tudo, voltar para Porto Alegre &

levar uma vida de monge. Deliberadamente, ser infeliz para sempre. Mas insisto, insisto, insisto. Como o unicórnio no parque, acredito acredito acredito acredito acredito acredito. Não é suficiente.

Conheci Clélia Piza, gostei muitíssimo. O Piza marido veio expor aqui no Rio, ela me ligou e fui lá. Chiquíssima, gentil, bonita. Ela conseguiu publicar uma tradução do meu "Sargento Garcia" numa ótima revista francesa, *Masques* (não existe aqui), e parece gostar muito do meu trabalho. Andam pintando também umas traduções para o inglês e o alemão – mas fico pouco animado. Estou mais preocupado com uma solução para a minha vida afetiva, não para minha literatura – não é péssimo?

A astrologia, os búzios, as cartas, as moedas do I-Ching – todos os bruxedos são unânimes em afirmar que tudo-vai--melhorar. Mas meus cabelos continuam caindo (e brancos, você precisa ver), em setembro faço 35 e nada. Enquanto isso, trabalho. Encaminhado o *Triângulo*, *mourejo* no roteiro para um longa-metragem baseado no meu "Aqueles Dois" (que só vai dar grana a longo prazo), o diretor é ótimo. Terminado, ataco uma biografia de Rimbaud (que-só-vai-me-dar-grana-a--longo-prazo), e tudo passado procuro uns caras da Globo que estão a fim de roteiristas. Ando tão legal & aplicado, Jesuzinho recompensa? Espera sentado, meu bem – responderam.

Afora queixas-de-sempre, na verdade estou ótimo: engordei horrores, quer dizer, pesava 63 há ANOS, estou com 67. Todo disciplinado: acordo todos os dias às 8h, faço refeições em horas exatas, faço exercícios, postura ótima, musculozinhos e tal, quase não bebo (mentira) e fumo potes. Ando numa fase de não leitura: acho tudo péssimo.

Desmontar a casinha em SP foi terrível. Era a primeira casinha que eu tinha montado na minha vida. Doeu demais, cada quadro que saía da parede era uma *overdose* de lágrimas.

Um dia pirei, saí pra rua, deixei a porta aberta e roubaram uma bolsa minha com TODOS os documentos. Ficou só a certidão de nascimento. Ainda não mandei fazer. Outro dia, num banco, não tive como provar que eu era eu. Dei coisas, joguei fora coisas. Me restou um par de tênis (economizo para comprar outro, e acho superdostoievskiano), jeans e camisetinhas.

Amigos poucos aqui – uma aprendizagem de solidão às vezes dura, mas se pintou pela frente, não é, é porque tem que ser. Então fico compenetrado e digo que está certo, está certo. Embora, alienado & apocalíptico como sempre, ache que não tem conserto. Alguns sonhos premonitórios, inúteis. Umas fés cegas.

Espero que esteja – e estará – tudo em paz aí com vocês. Beijos generalizados: Dante, Iara, Zé, Olga (o bebê vai ser Virgo? ou Libra?). Diga ao Zé para me escrever. Voltei a adorar escrever e receber cartas. E me dê notícias, se puder, quiser. Gosto sempre de você. No livro tem uma grande homenagem a você, mas não conto, só quando sair.

Muito amor.

Seu,

Caio F.
(o primo intelectualizado da Christiane)

P.S. - endereço:
Almirante Alexandrino, 660, ap. 165
20241 Santa Teresa, RJ
Fones: 222-4088 ou 222-4355

1984-1986

Em 1984, o livro *Triângulo das águas* ganha o prêmio Jabuti. Sua peça *Pode ser que seja só o leiteiro lá fora* é encenada em Porto Alegre. Em 1985, Caio volta a São Paulo e trabalha na revista *AZ* e escreve roteiros para a televisão. *Morangos mofados* é adaptado para o teatro. Em 1986, o *Estado de São Paulo* lança o Caderno 2, e Caio faz parte da equipe de redatores. Em 1987, escreve o roteiro do filme *Romance*, de Sergio Bianchi, e a peça *A maldição do Vale Negro*, com o diretor Luiz Artur Nunes.

1987

Caio entrevista Hilda Hilst na Casa do Sol para a revista *Leia livros*. Durante a conversa Hilda declara: "Fico besta quando me entendem", que acaba se tornando o título do livro lançado pela Biblioteca Azul em maio de 2013. Aqui vai um trecho:

> Eu não tenho que ficar indo nos lugares e mostrando como eu sou maravilhosa. Acho um engodo isso, esse processo de sedução do outro, do leitor, através do corpo físico do escritor, do olhar, da voz. E o livro, onde é que está o livro, que é o que interessa? Tive um certo ressentimento de não ser lida, porque quando comecei a escrever ficção, sinto que minha prosa era um passo à frente. Aí, com os outros livros, fui entendendo melhor o que acontecia. O tipo de problemas que eu levantava, as pessoas não queriam pensar neles.

De fato, há poucas pessoas que topam encarar o terror de Hilda frente à passagem do tempo e a certeza irrecorrível da morte. O terror de perecer sem compreender. O terror de ter sido abandonada por Deus. Nessa mesma entrevista, ela afirma:

Deus é quase sempre essa noite escura, infinita. Mas ele pode ser também um flamejante sorvete de cerejas. É uma escuridão absoluta, mas de repente vem uma luz absoluta lá de dentro. Como se fosse um sorvete de cerejas. Te vem um gosto do divino que você não sabe nomear.

Caio retruca: "E a sua literatura, é a escuridão ou o sorvete?" Ela diz: "É o centro, a procura do centro. Fiquei toda a minha vida procurando esse centro, ou uma espécie de tranquilidade – não uma tranquilidade idiota, mas uma certa tolerância com tudo que te rodeia, com a tua condição de mortal, de apodrecimento."

Em 1988, Caio publica *Os dragões não conhecem o paraíso* e o livro infantojuvenil *Mel&Girassóis*. Recebe o prêmio Molière de melhor autor teatral. Publica o livro infantil *As frangas*.

1990

Caio publica *Onde andará Dulce Veiga?* pela Companhia das Letras. Volta para Londres, onde será lançada, em 1991, a tradução de *Dragões*, vive um tempo na Europa e reclama de sua situação miserável. Hilda sai em defesa do amigo. Declara, numa entrevista, que Luiz Schwarcz, editor da Companhia das Letras, deu um adiantamento milionário a Bruna Lombardi, enquanto Caio passava fome e trabalhava como lavador de pratos em Londres. Ela comenta numa entrevista:

> [...] Fiquei indignada com a atitude desse editor que pagou uma fortuna por um livro dela e deixou Caio, um escritor que ele edita, lavando pratos em Londres e vivendo de favor na casa de estranhos. É um absurdo o trabalho do Caio ser desprezado em detrimento dessa subliteratura. Isso eu não desculpo.[44]

---

44. *Fico besta quando me entendem - entrevistas com Hilda Hilst.* Cristiano Diniz (org.). Biblioteca Azul, 2013.

Londres, 20.12.90

Hildinha, acordei com uma saudade maluca de você (sem acento porque esta máquina tem teclado inglês...) Hildinha, a vida – graças a Deus – é tão louca. De repente estou aqui, noite fechada às 19h (anoitece às quatro), uma garrafa de vinho tinto francês aberto, a janela dando para um parque que, a esta altura do inverno, mais parece uma das charnecas de Emily Brontë. Estou em Brixton, um bairro no sul de Londres, no apartamento do meu editor Ray Keenoy – ele foi para a Itália, só volta no final de janeiro, me deixou assim tipo "caseiro".

Hoje completo três semanas aqui. Fiz uma noite de autógrafos com a tradução de *Dragões*, dei umas entrevistas para rádio, jornal, umas palestras, leituras. Ninguém sabe absolutamente nada de Brasil, e muito menos de literatura brasileira. Nas livrarias você encontra Jorge Amado, João Ubaldo Ribeiro – e só. A Clarice, que eles gostam, está esgotada e sem perspectivas de reedição. Mas tenho falado bastante e sempre muito em você, no seu rompimento com a "seriedade" após Lori Lamby. Um inglês ótimo – Nick Caistor, ficou muito animado, me pediu seu endereço, eu dei. Ele tem um programa sobre literatura latino-americana na BBC, fez uma entrevista comigo, e também escreve para o *Times Literary Suplement*. Quer seus livros pornôs, manda para ele sem falta, o endereço é:

Nick Caistor
13, Connaught Rd.
London NW4

Ele é casado com uma moça chamada Amanda, que também é crítica literária – do *Independent*, acho – e são ambos loucos por literatura brasileira.

Acho que preciso ficar aqui até maio. Ray, o editor – que é judeu, irlandês e super pão-duro, como todos os editores – armou uma porção de coisas para mim, a partir de fevereiro. Europeu adora autor lendo seus textos, então devo ir a Liverpool, a Manchester, tem mais umas coisas armadas em Londres mesmo (uma noite lendo textos com Ruth Rendell, que é uma espécie de Régine Deforges inglesa…), talvez Dublin. Em março sai a primeira das duas antologias de contos da Complexe, na França. Enfim, *devo* ficar e vou ficando. Embora, no fundo, achando tudo MUITO engraçado.

Com toda essa programação, você deve estar pensando nossa, que chique, o Cainho se arrumou na vida. Nada. O dinheiro está acabando e, graças a Deus, na segunda – exatamente véspera de Natal – começo a trabalhar. Num restaurante, lavando pratos – que pagam bem e eu preciso. Claro que é duríssimo, mas também é poético. E minha vida estava tão cretina no Brasil, realmente não penso em voltar logo, não. Talvez sofra um pouco, o inverno é terrível, já houve alguns dias com neve, e a solidão também, mas me sinto vivo, correndo riscos, forçado a estar atento. Uma fé enorme e a certeza de que tudo isso é para minha evolução espiritual, para que eu me torne um ser humano melhor.

Fiz uma coisa linda. Num fim de semana, fui para Sussex, onde mora uma amiga que você ia adorar, Annabel Chaos, muito bruxa. Ela mora à beira do rio Ouse, que é nada menos que o rio onde Virginia Woolf se matou. Monk's House, aquela casa que a Virginia morava com Leonard Woolf – onde era a Hogarth Press – fica ali perto. Pegamos o carro e fomos até lá. Fiquei tão comovido. É uma casa relativamente modesta, que de muitas formas – estranho – me lembra a Casa do Sol, e com uma energia linda. Fiquei meio doido tocando em coisas e pensando meu Deus, Virginia Woolf deve ter tocado nisto também, refiz o caminho dela até o rio – é um rio escuro, dramático, um fio escuro no meio de uma paisagem que parece pintada a bico de pena de tão delicada – e trouxe comigo três pedrinhas que apanhei no jardim. Depois fomos a uma igreja, perto dali, que foi toda pintada por Vanessa Bell e Duncan Grant.

Por coisas assim, é bonito estar aqui. Agora, com alguns amigos, estamos tentando armar uma viagem a Cornwall, onde teria sido a corte do rei Arthur, e teria vivido Merlin, o mago. Reinaldo já esteve lá, e disse que é lindo. No caminho, pode-se passar em Stonehenge, para ver aquelas ruínas druidas. Eu não sei direito o que vai ser de mim, aos 42 anos e de novo na estrada – mas quero ver todas essas coisas, tudo que cruzar pelo caminho, com olhos vorazes, famintos.

Londres, meu velho karma, está muito mudada e decadente. No metrô você encontra muitos velhos, crianças e punks jogados no chão com cartazes escritos *"I'm hungry and homeless"*. Outro dia um antropólogo da Universidade de Londres me disse que a Inglaterra é o mais novo país do Terceiro Mundo. Mesmo assim, é fascinante. As ruas são uma mistura louca de todas as raças – africanos, indianos, paquistaneses, latinos, japoneses, todos misturados, alguns com roupas típicas. Estranho: a Inglaterra me parece que está pagando o karma de ter devastado mil culturas durante toda a sua história. Agora foi invadida, quase não tem mais identidade. Mas a arquitetura resiste, e é incrivelmente poético ver toda essa loucura convivendo com os restos vitorianos.

Tão estranho, Hildinha, acho que te contei de uma regressão karmática que fiz certa vez – quando fui um poeta, aqui em Londres, que cortou os pulsos, no fim do século passado, antes de terminar um poema. Voltei para terminar esse poema, e de repente minha primeira tradução no exterior é exatamente em Londres.

Quando tomo nas mãos essa edição inglesa, tenho a sensação muito nítida de que o karma está cumprido, e de agora em diante abre-se uma nova fase – digamos assim um 0 × 0 com o destino. Será?

Nas duas primeiras semanas, andei assustado e deprimido. Fiquei no ap. de um amigo que estava mudando para Lisboa, ele é correspondente de *O Globo*, dormindo no chão, num *sleeping bag* no meio de caixas, num ap. semidemolido. Agora qualquer coisa dentro de mim se soltou, e brinco sem culpa de fazer festas pueris tipo ir ao supermercado e descobrir um iogurte grego fantástico, uma *paella* em caixinha, baratíssima, que em 10 minutos fica pronta e deliciosa, tomar um ônibus e descer num lugar inteiramente desconhecido, só para olhar as caras das pessoas e o jeito dos lugares. Coisas assim, cotidianas. É como ser desafiado a exercitar todos os seus sentidos novamente. Talvez esta experiência seja o ensaio geral para voltar ao Brasil e, como você, cair fora de toda a loucura urbana. Eu não sei. Tenho rezado e pedido a Deus para me apontar os caminhos e abrir os ouvidos, e os olhos, para que eu possa seguir no rumo certo.

Mas me sinto cada vez mais brasileiro, e continuo com a certeza de que nosso país tem um AXÉ que estas terras perderam há muito. Somos terras novas, temos futuro. Aqui o futuro é a Torre de Babel. Me sinto só, às vezes, afinal parece que de todas as coisas o amor foi a única que a vida – ou eu mesmo? – me negou. Se estiver no meu caminho, um dia, ele virá. Por enquanto olho, vejo como um danado, e sinto às vezes até uma certa espécie de felicidade.

Dulce Veiga vai bem. Ray-Güde diz que a Seuil, da França, está interessada em editá-lo lá. Ray também está fazendo contatos com a Suécia, Holanda, Checoslováquia. Talvez um dia isso dê algum dinheiro e mais serenidade para escrever, mas por enquanto a realidade vai ser lavar pratos nesse restaurante Francês em Camden Town, um bairro punk, e tudo isso me encanta porque pelo menos minha vida não se tornou gorda e chata.

Acho que esta carta não chegará antes do Natal e Ano-Novo, mas ela vai também com todos aqueles votos de alegria, criação, amor. Por favor, cuide bem principalmente da sua saúde, precisamos de muitas mais sacudidelas como a que você deu na literatura brasileira. A propósito, aquela entrevista para a A-Z deu muito pano pra manga, todo mundo adorou.

Por favor, vá até a figueira uma hora qualquer e faça uma oração pra mim. Preciso de muita força da terra, da terra do Brasil. Se Deus quiser, em maio estarei de volta e então, quem sabe, passarei uns dias com você para tratarmos daquela adaptação da *Lory*, o Gilberto continua querendo levar para o teatro.

Faça um carinho em Dante por mim, e quando cruzar com Zé, Olga e Malu diga que mando beijos. Ah, não se esqueça de mandar os livros para o Nick Caistor, ele é ótimo, com um ar inglês de cão São Bernardo, muito compenetrado e interessado, parecendo ser altamente *perverted* por trás das lentes grossas – ficou excitado quando falei que havia um Shakespeare pornô no seu livro. Eles são muito caretas e reprimidos, mas no fundo, inteiramente doidos.

Todo o amor de tantos anos do seu velho,

Caio F.

P.S. – Qualquer coisa mais urgente, o telefone daqui é: (081) 674.22.77.

P.S.2 – Peça ao Pedro Paulo para dar notícias e passe a ele o número do telefone. Se você falar com o Antonio [...], gosto muito dele. Dê meu endereço.

O trem que já vai passar

> Talvez essa experiência seja o ensaio geral para voltar ao Brasil e, como você, cair fora de toda a loucura urbana. (...) Tenho rezado e pedido a Deus para me apontar os caminhos e abrir os ouvidos, e os olhos, para que eu possa seguir no rumo certo. (...) Me sinto cada vez mais brasileiro, e continuo com a certeza de que nosso país tem um AXÉ que estas terras perderam há muito. Somos terras novas, temos futuro. Aqui o futuro é a Torre de Babel.
>
> CAIO FERNANDO ABREU

Os anos 1990 passariam depressa demais para Caio. Não apenas porque ele viajou sem parar, coisa que adorava fazer, mas também porque, ao descobrir que estava contaminado pelo vírus da Aids, em 1994, não quis perder nem um minuto: dedicou-se a viver intensamente, escrevendo muito, cuidando da saúde, do jardim da casa da família – para onde se mudaria em busca de qualidade de vida, sempre sonhando com a possibilidade de não morrer. Tinha enorme esperança de que existisse a cura desse vírus de *science fiction*, a maldita, ele o chamava. Praguejava, esperneava e se recusava a aceitar que estava condenado à morte. Tanto que relançou seu *Inventário do irremediável*, de 1970, com novo título, *Inventário do ir-remediável* como se ir tivesse remédio.

Elevou seu astral de uma vez por todas. Nunca mais reclamou da vida. E trabalhou sem parar: em Londres, em 1991, publica a tradução do livro *Os Dragões não conhecem o paraíso*, sob o título *Dragons*; em Paris, sai *Les dragons ne connaissent pas le paradis*. No Brasil, recebe o prêmio de melhor romance da APCA (Associação Paulista dos Críticos de Arte) por *Onde Andará Dulce Veiga?* Que anos mais tarde viraria filme, cujo roteiro escreveu em parceria com o amigo Guilherme de Almeida Prado.

Em carta a Jacqueline Cantore, de 1991, ele parece animado:

> Mas então fica assim: nas minhas fantasias mais UPzinhas, primeiro vou com uma bolsa para Paris, depois com outra para Berlim, e ganho HORRORES de dinheiro, prestígio, espero que também alguma espécie de *happiness*. [À margem: E o Nobel, claro.] Nas minhas fantasias mais DOWNzonas perco a passagem, as bolsas não rolam, fico sem dinheiro para voltar [...] mas ando me sentindo assim bem machona, acho que seguro o que rolar.[45]

Em janeiro de 1992, começa uma carta para Maria Lídia Magliani, dizendo: *Ano 2000, lá vamos nós!* Sem imaginar que teria apenas quatro anos de vida. Não consegue a bolsa para Paris ou Berlim, mas em 1992 recebe um convite para ser escritor/residente na Maison des Écrivains et Traducteurs (MEET), na cidade de Saint-Nazaire, na França, velho porto no estuário do rio Loire, por obra e graça de sua tradutora francesa Claire Kayron. Lá ele passa dois meses, num apartamento com vista para o mar, um dinheiro para as despesas e tempo de sobra para escrever. Esse foi um dos períodos mais tranquilos e profícuos de sua vida. Realizou enfim seu grande sonho: ser escritor em tempo integral. Escreveu a novela *Bien loin de Marienbad*, publicada em 1994 em francês, pela Editions Arcane17, e, postumamente, no Brasil, em 1996, *Estranhos estrangeiros*, pela Companhia das Letras. Ao fim da estada, disse num documentário gravado lá mesmo:

> Amo essa cidade, onde realizei meu sonho de ser apenas e completamente escritor, vim passar dois meses aqui apenas para escrever, e escrevi. Foi uma guerra para mim, eu tive medo de não escrever, mas no fim escrevi. Obrigado, Saint-Nazaire.[46]

---

45. *Caio Fernando Abreu: cartas*. Italo Moriconi (org.). Rio de Janeiro: Aeroplano, 2002.
46. Entrevista de Caio a John Burnside. Disponível em: <http://www.meetingsaintnazaire.com/>

É do final de 1992 uma nova carta de Caio para Hilda Hilst. Carta esta que, por não constar do meu pacote, deve ter sido escrita depois da tal briga entre os dois, quando ela quis jogar fora e queimar as cartas dele... lembram? Foi como me contou o poeta baiano, Naud, que foi por um tempo depositário das cartas, hoje aqui publicadas. Escrita em Saint-Nazaire, em novembro, dá conta de suas andanças pelo mundo:

> Daqui vou a Amsterdam e à Alemanha – para voltar ao Brasil em fevereiro. Em junho tenho que estar outra vez na Alemanha. 1993 vai ser um ano meio sem casa. Paciência. Por enquanto vivo este sonho primeiro-mundista e contemplo Saint-Brévin les Pins, do outro lado do Loire.[47]

Realiza leituras de seus textos na Holanda e participa do Congresso de Literatura e Homossexualismo, em Berlim. Viaja pela Itália e lança *Dov'è Finita Dulce Veiga?* em três cidades: Milão, Gênova e Veneza. Representa o Brasil no III Encontro Internacional de Escritores (Interlit), na Alemanha, com Rubem Fonseca e Sônia Coutinho. E envia suas crônicas dominicais para o *Estado de São Paulo*.

Já em 1993, de volta ao Brasil, perde o amigo Vicente Pereira, de complicações advindas da Aids. Caio fica em choque: "Não consegui chorar. Tinha falado com ele pelo telefone logo que cheguei. Senti alívio, depois rezei muito, e fiquei lembrando de tantos, tantos."[48]

Em 1994 está de novo em Paris! As traduções dos livros *Qu'est devenue Dulce Veiga; Bien loin de Marienbad* e a antologia *L'Autre voix* são lançadas com boa presença na mídia. Dá entrevistas a jornais, revistas, participa de programas de TV, pedem seu autógrafo na rua, é indicado para o prêmio Laura Bataglion, de melhor romance traduzido. Está feliz.

Volta a São Paulo adoentado, com algumas manchas na pele, faz o exame tão adiado e descobre que é portador do vírus da Aids. É inter-

---

47. *Caio Fernando Abreu: cartas*. Italo Moriconi (org.). Rio de Janeiro: Aeroplano, 2002.
48. Ibidem.

nado por seus amigos no hospital Emílio Ribas em São Paulo, onde passa um tempo se tratando e se preparando para voltar para casa. De lá escreve três crônicas para a sua coluna no jornal *Estado de São Paulo*, as famosas "Cartas para além dos muros", em que revela ao público que está doente. Volta a Porto Alegre para viver na casa dos pais no bairro do Menino Deus. Seu primeiro romance, *Limite branco*, é reeditado. Escreve, por encomenda, um texto teatral inspirado em Dom Quixote. O monólogo *O homem e a mancha*, e o encena, numa leitura no palco, seu velho conhecido de Porto Alegre. Torna-se colaborador do caderno Cultura do jornal *Zero Hora*, de Porto Alegre. Em outubro vai para Amsterdam lançar *Waar zit Dulce Veiga?* E participa da 46ª Feira Internacional do Livro de Frankfurt, que tem o Brasil como país tema. Lança na Alemanha *Was geschah wirklich mit Dulce Veiga*.

Em 1995, Caio é escolhido pela Câmara do Livro para ser patrono da 41ª Feira do Livro de Porto Alegre. Participa da antologia *The Penguin Book of International Gay Writing* com o conto "Beauty" [Linda, uma história horrível]. Em maio, lança *Ovelhas negras*. Em setembro, na Itália, sai *Molto Lontano da Marienbad*. Em novembro de 1995, três meses antes de sua morte, envia para o *Estadão* sua crônica semanal, que considero a melhor crônica já escrita sobre a morte:

Entrevisão do trem que deve passar

Está amanhecendo. Não, talvez esteja anoitecendo. Impossível dizer baseado apenas nessa luz nem clara nem escura, suspensa na atmosfera, uma luz que não vem de nada visível, nem de sol nem de lua. Uma luz como essa que costumamos dizer de "um dia sem luz". Erradamente, pois embora invisível, indefinida, a luz está lá. Sob uma luz dessas, ao ar livre, você está sentado. Não sei se na transição do dia para a noite, da noite para o dia, e nem mesmo se em algum outro tempo no meio da manhã ou da tarde. No meio da noite, não, porque seria escuro, e essa luz – a do escuro, a da não luz – é reconhecível. Mas ela não importa, a luz, seja qual for. Nem importa você estar sentado, em pé ou mesmo deitado. Importa você estar lá. Importa, quero dizer, no que escrevo agora, no que imagino, e não sei ainda direito o que é.

Você está lá. Há aquela luz à sua volta. Não posso descrever seus traços, nem mesmo dizer se é homem ou mulher, vejo apenas um vulto. E sei, mas não sei por que sei, que se trata de um espaço aberto. Como a plataforma de uma estação. Perto de você há vultos menores, quadrados, retangulares. Parecem malas, bagagens. Sei que são objetos porque não se movem, enquanto você às vezes dá alguns passos, abre ou estende os braços. Imagino então assim: você é alguém que vai viajar para longe, ao amanhecer.

Eu poderia até afirmar isso, e ninguém duvidaria, não só porque sou dono e soberano de minha própria imaginação, mas porque é exatamente isso o que imaginaria qualquer um que entrevisse o mesmo que entrevejo. O problema para descrever é esse: apenas entrevejo. Apenas entrevendo, continuo a entrever.

Não há mais ninguém nessa estação. Ou, por algum motivo, não entrevejo os outros que talvez estejam também lá, apenas você, num zoom seletivo que exclui os demais. E por se tratar de uma estação, deve haver um trem que não chega, não passa nem parte. O que passa é apenas o tempo. Sei que passa não porque a luz se modifique ou aconteça alguma coisa, mas pelos seus pequenos movimentos, um passo, um braço, que revelam ansiedade e espera.

O que se pode fazer numa situação como essa – mesmo para mim, que deveria ser o dono dela, mas me recuso – a não ser esperar? Esperamos todos. O que está lá, o que conta sobre isso e os que leem sobre isso. Esperamos então. Horas, dias, meses, anos e anos. Ninguém sabe o quanto. Podemos nos distrair enquanto esperamos; ligar o rádio, olhar pela janela, abrir a geladeira, mastigar alguma coisa, beber mais água neste dia seco, até mesmo ligar a TV para entrar noutras histórias, falsas ou verdadeiras, mas onde aconteçam coisas, em vez de ficarmos parados nesta, onde nada acontece desde as primeiras palavras. E voltar a ela como quem volta a chamar um número de telefone eternamente ocupado, só para constatar que continua ocupado e apenas para ter a sensação de não desistir. Desistir não é nobre. E, arduamente, não desistimos.

Então acontece. É tão surpreendente que aconteça que pouco importa que seja a única coisa que poderia acontecer.

O trem chega e para. Na plataforma você começa a tentar colocar as bagagens dentro dele. Mas elas não saem do chão. O trem apita, o trem vai partir. Você percebe que não pode levar nada além de você mesmo. E entra no trem. Mas isso que você tenta fazer entrar no trem, e que é o seu corpo, também não pode entrar. Então você o deixa, deixa o vulto que entrevejo jogado na estação junto com as bagagens. O trem então parte levando de você algo que nem você nem eu sequer conseguimos entrever. Outra coisa, talvez nada, porque nada podemos garantir ter visto partir dentro do trem.

Você não grita nem acorda. Não há terror, mesmo sendo aterrorizante: é assim que é. E pior ainda, não se trata de um sonho. Começa a amanhecer. Ou a anoitecer. Ninguém sabe quando passa o trem. Nem para onde vai. E não se leva nada. Isso é tudo que sabemos.[49]

---

49. "Entrevisão do trem que deve passar". In: *A vida gritando nos cantos – crônicas inéditas em livro (1986-1996)*, de Caio Fernando Abreu. Rio de Janeiro: Editora Nova Fronteira, 2012.

1996

> Somos todos imortais. Teoricamente imortais, claro.
> Hipocritamente imortais. Porque nunca consideramos
> a morte como uma possibilidade cotidiana.
>
> CAIO FERNANDO ABREU

O ano de 1996 começa com um pequeno milagre: Caio se recupera de uma cirurgia complicada na vesícula e tem alta para passar as festas de Ano-Novo em casa. Com esperanças redobradas, decide colocar de novo o pé na estrada e convida a mãe, que, adoentada, declina, e quem acaba indo com ele é a amiga Déa Martins, passar alguns dias à beira-mar, na Praia do Rosa, em Santa Catarina – um dos lugares que frequentou desde muito jovem e sempre amou.

Uma viagem curta, de apenas quinze dias, que tanto pode ter sido um agradecimento a Iemanjá por continuar vivo, ou, secretamente, para se despedir do planeta, celebrar a natureza, e o que lhe restasse de vida numa aquarela de cores intensas.

Volta a Porto Alegre de ônibus, sozinho e febril, é diagnosticado com pneumonia e internado no Hospital Moinhos de Vento, de onde não sairia mais. Em 25 de fevereiro de 1996, Caio Fernando Abreu morre em Porto Alegre, aos 47 anos. Está enterrado no cemitério ecumênico João XXIII, ao lado dos pais, que morreram pouco depois dele. Nair Loureiro de Abreu, em 1997, e Zaél Menezes Abreu, em 1999. Um consolo: seu livro *Ovelhas negras* (1995) recebeu o prêmio Jabuti de melhor livro de contos do ano.

Epílogo

> Eu gosto de toda a obra do Caio e principalmente da disciplina e do esforço que ele faz para se dizer inteiro. Ele é um escritor que sempre jogou limpo, sempre apostou tudo no que escreve.
>
> HILDA HILST[50]

A paixão literária de Caio e Hilda foi como que um dueto antológico, al*legro ma non troppo,* de sonoridade inusitada, que iluminou a literatura brasileira do final do século XX. Desde o encontro, em 1968, e pelo resto de sua breve vida, Caio esteve perto Hilda em pessoa, por telefone, em cartas, textos, e, acredite se quiser, em pura telepatia.

Como numa lenda da mitologia, escritores e semideuses, à sua maneira, cheios de virtudes e pecados, esses dois se reconheceram num par fatal e improvável que brindou a língua portuguesa com momentos de êxtase.

Não conheci Hilda de perto, e Caio não insistia nisso – sempre me disse que ela era difícil: não gostava de mulheres –, e também não fiz muita questão. Temia uma saia justa, como ele gostava de dizer. Preferi acompanhar de longe os lances e relances dessa relação bela e tumultuada por cerca de vinte anos, na expectativa de um novo desenrolar. Mas sempre achei brilhante o texto de Hilda, gostava de lê-la, não sem dificuldade, e guardar a autora idealizada na minha fantasia, figura exótica que sempre me chegou pelos olhos de Caio, que a amou demais.

A última fofoca de que tive notícia – Caio adorava fofocar – foi em 1990, quando Hilda, num gesto que alguns consideraram impensado,

---

50. Crônica publicada no *Estadão*, em dezembro de 1995.

publicou sua trilogia erótica: *Caderno de Lori Lamby*, *Contos d'escárnio: textos grotescos* e *Diário de um sedutor*, que não foram bem recebidos pela crítica nem por alguns de seus melhores amigos.

Farta de descansar nas prateleiras, Hilda abandona deliberadamente a literatura dita séria com o intuito assumido de vender mais livros. Não se importou de ser comparada a Cassandra Rios (1932- 2002), a primeira escritora a vender um milhão de exemplares no Brasil, considerada pioneira da literatura homoerótica. Mas nem assim Hilda virou campeã de vendas. Caio riu muito e garantiu que nem pornô ela deixava de ser chique, o que se revelaria profético. Ele zombava das manias da amiga. Eles tinham a liberdade poética de criticar um ao outro de forma aberta e honesta, privilégio das grandes almas; e torceu por ela, carinhosamente, inclusive nesse momento em que ela foi renegada na tentativa de ser mais lida e reconhecida. Mas Hilda nunca perdeu a certeza do próprio valor:

> Fiz um excelente trabalho, de primeira qualidade. Sou meio megalômana mesmo. Não entendo nada de teoria literária, mas sinto que o que escrevo é bom. Desde o início sentia que ia ser uma grande poeta.[51]

Antonio Naud Júnior elogia:

> Uma mulher encantadora, livre, generosa, lúcida, sarcástica, queixosa, íntegra, culta, melancólica e apaixonada por cães. Embora tenha alcançado ampla notoriedade pessoal, mastigava o estigma de não se considerar popular, ambicionando ser lida, estudada, discutida. Numa estratégia escandalosa, chamou a atenção para a sua obra por meio de suposta adesão ao registro pornográfico. Filha de família rica do interior paulista, confessou-me episódios terríveis de sua trajetória em busca do inefável, passando por contínuos dissabores, afinal a sociedade burguesa exige o meio-termo, o disfarce, marginalizando quem milita contra a hipocrisia.[52]

---

51. "Hilda Hilst", de Mauricio Stycer, em *Folha de S.Paulo*, 16 abril de 1997.
52. Em entrevista à autora deste livro.

Quando Caio e Hilda se cruzaram no deserto escorchante daqueles anos de chumbo, em meio a livros censurados, canções proibidas, gente sumindo, estudantes torturados, a bela lhe ofereceu refúgio e afeto em seu oásis particular. Foi uma espécie de exílio autoimposto num paraíso que seria sempre verde, onde bebeu da mesma fonte de um poeta vestido de deusa, que lhe dava livros, ditava textos, e mais: dividiu com ele a intimidade, essa graça dos olímpicos de dividir sonhos e desejos pela manhã, inventar piadas tristes numa tarde preguiçosa, fumar um, dois, três cigarros, tomar um café e trabalhar, trabalhar, trabalhar.

É assim com a palavra escrita: um longo processo de encontros com a gente mesmo. Um raio de luz desceu sobre a cabeça deles: criaram freneticamente juntos. E como ambos viveram no precipício da paixão e suas impossibilidades, sempre à beira de um *amour fou*, revelaram em palavras a insanidade, a dor, a morte, o impossível, que conheciam a fundo.

O fim da vida foi o grande tema que os espreitou desde cedo. Caio, que morreu precocemente vítima da Aids, pensava na morte desde a infância e falou dela cara a cara em suas "Cartas para além dos muros", publicadas em forma de crônica no jornal *O Estado de São Paulo*, o único jornal para o qual contribuiu até o fim de seus dias. Em 18 de setembro de 1994, escreveu na última "carta para além dos muros":

> [...] A vida me dava pena, e eu não sabia que o corpo (meu irmão burro, dizia São Francisco de Assis) podia ser tão frágil e sentir tanta dor. Certas manhãs chorei, olhando através da janela os muros brancos do cemitério no outro lado da rua. Mas à noite, quando os neons acendiam, de certo ângulo a Dr. Arnaldo parecia o Boulevard Voltaire, em Paris, onde vive um anjo sufi que vela por mim. Tudo parecia em ordem, então. Sem rancor nem revolta, só aquela imensa pena de Coisa Vida dentro e fora das janelas, bela e fugaz feito as borboletas que duram só um dia depois do casulo. Pois há um casulo rompendo-se lento, casca seca abandonada.

Depois de conviver um ano com Caio na Casa do Sol, Hilda, a partir de 1970, começou a escrever prosa, e só voltou a escrever poesia em 1974, quando lançou seu *Júbilo memória noviciado da paixão*, um livro de poemas apaixonados dividido em duas partes: a primeira dedicada a um certo Túlio, e o segundo, a um Dionísio. Amores imaginários, canções de amor dedicadas a personagens reais? Hilda esquiva, nunca admitia seus musos e dizia, cândida: "A gente escreve sobre o que conhece, mas nunca de forma confessional."[53]

Em 1980, Hilda voltou a lançar poemas, *Da morte, odes mínimas*, em que a morte era o tema único. São cinquenta poemas num volume que contém seis desenhos dela numa edição belíssima de Massao Ohno e Roswitha Kempf Editores. Rinoceronte, elefante, leão rei, cavalinha são estes alguns dos nomes pelos quais a poeta chama a morte:

> Sonhei que te cavalgava, leão rei.
> Em ouro e escarlate
> Te conduzia pela eternidade
> À minha casa [...].
> Na melodia te penso.
> Íntima te pretendo.
> Incendiada de mim
> Contigo morrendo.[54]

Nem Hilda nem Caio se beneficiaram, em vida, da fortuna crítica e do sucesso que almejavam. Hilda sempre se ressentiu de não ser lida e vender pouco, Caio apenas começava a se firmar como um escritor de prestígio internacional quando morreu. Hilda sobreviveria sem o amigo, sempre reclusa e inconformada com sua sina de autora ignorada pelo grande público até 2004.

---

53. Entrevista com a jornalista Ana Lúcia Vasconcelos para a revista eletrônica *Vita Breve*.
54. *Da morte, odes mínimas*. Globo, 2003.

A grande Hilda, a extravagante, a excêntrica, a divertida, a talentosa, que Caio chamou a vida inteira de Unicórnia, e cuja beleza o remetia à heráldica atriz inglesa Charlotte Rampling. Amiga do peito, mesmo não respondendo muitas de suas cartas, foi uma das poucas que permaneceu presente de forma cotidiana quando ele adoeceu. Como recorda a amiga Ana Lúcia Vasconcelos:

> Soube da morte dele pela Hilda, em detalhes, porque ela falava com ele todos os dias. Aos poucos fui perdendo o contato com ele, mas sei que ele me dedicou um conto. A última vez que o vi foi com meu filho Maximiliano no Teatro Anchieta e numa entrevista para a TV Cultura: ele já era um escritor conhecido e estava com AIDS.

Quando Caio agonizava em Porto Alegre, em 1995, falavam-se cotidianamente, e ele sempre mantendo aquele senso de humor peculiar, meio cínico e triste, mas muito amoroso. Repito: Hilda ligava para ele todos os dias. Dois meses antes de seu amigo partir ela enviou para o jornal *O Estado de São Paulo* uma última crônica em sua homenagem:

> Conheci Caio Fernando Abreu quando ele ainda era muito menino. Ele era um rapaz tímido, tinha uma voz inaudível, não conversava com ninguém. Eu tenho uma imensa e velha figueira em meu sítio. Ela deve ter uns 200 anos. Desde menina, quando me deparo com situações difíceis eu me socorro com essa figueira. Decidimos então apelar para o espírito da árvore para que aquela timidez terminasse. Naquela noite, Caio pediu à figueira que pusesse um fim à sua timidez e também que ele ganhasse o prêmio Fernando Chinaglia e pudesse viajar para Londres. Os três pedidos foram satisfeitos. Na manhã seguinte, encontrei o Caio completamente mudado, desinibido e com o maior vozeirão. Aquela voz magrinha dele, aquela timidez toda, tudo aquilo tinha sumido

para sempre. Por causa da timidez, Caio não falava com ninguém e por isso achavam-no antipático e esnobe.

Mas o Caio que chegou ao meu sítio aos 19 anos de idade era um menino que escrevia muito, estudava muito, trabalhava com enorme dedicação. Caio se transformou em um escritor que tem um tipo de transparência de que eu gosto muito. É muito difícil o escritor falar sobre a própria verdade. Se um escritor tem uma verdade, ele deve ser absolutamente claro, não deve usar máscaras, não deve falsificar.

O Caio é assim, um escritor que diz tudo o que sente e está sempre buscando a verdade. Eu gosto de toda a obra do Caio e principalmente da disciplina e do esforço que ele faz para se dizer inteiro. Ele é um escritor que sempre jogou limpo, sempre apostou tudo no que escreve.

O Caio empenha a vida, a morte, a doença, tudo o que tem em sua literatura. A tentativa do escritor é sempre essa: dizer a sua pequena verdade para o outro.

A gente tenta sempre dizer a verdade – mas nem sempre conseguimos, porque Deus não é ético, não é confiável, Deus não presta. Os atributos da divindade são beleza, poder e ausência de ética. Deus é antes de tudo um ser político. A gente tenta, tenta, a gente fica tentando, mas Deus está sempre se lixando para nosso esforço.

Nós sempre fomos muito ligados. Caio sempre teve muito ciúme de mim, um ciúme intelectual. Quanto mais amiga eu me torno dele mais ciúmes ele sente. O Caio sempre me teve como uma espécie de confessora. Nos períodos em que convivemos muito de perto chegava um momento em que eu me sentia obrigada a dizer: "Pronto. sua hora acabou." Dizer essa coisa terrível exatamente como fazem os psicanalistas. Era horrível, mas eu tinha de fazer. Ele é um homem muito passional. Eu sempre soube que ele seria um grande escritor. É disciplinado, trabalha muito, se empenha completamente no que faz. Nossos contatos agora são por telefone. Ele quer demais viver para dizer ainda algumas coisas e essa coragem me impressiona. Às vezes quando não estou bem eu ligo chorando para o Caio e ele, apesar de doente, ainda me consola. Ele se tornou um homem doce, meigo e solidário.[55]

Apaixonado pelos mistérios da vida e da morte, Caio se manteve firme no pacto de visitar Hilda depois de morto, que selaram num daqueles papos esotéricos que levavam horas debaixo da figueira. Como eram íntimos nas questões da magia, um queria garantir ao outro que havia vida após a morte. Eles combinaram até uma senha, ele iria aparecer para ela usando algo vermelho, para sinalizar que tudo estava bem. Hilda conta:

> Revi o Caio Fernando Abreu no dia da morte dele. Ele morreu às 13 horas e veio aqui se despedir de mim às 10 da noite. A gente tinha combinado isso. Ele estava com um cachecol vermelho. Era a nossa senha: o vermelho ia significar que estava tudo bem. Eu abracei o Caio muito e disse: Nossa, como você está bonito! Está jovem! Mas ninguém acredita. Falam: A Hilda é bêbada, é uma alcoólatra, está sempre louca. É assim que falam.[56]

Louca ou sã, Hilda sempre soube que Caio iria, como de fato foi, para vê-la depois de morto, porque haviam combinado e ele nunca deixou de cumprir suas promessas. Ela, mais que amiga foi, sua irmã, sua musa, seu espelho, um ser de outro planeta, como ele, vinda de uma galáxia superior. A amiga Lygia Fagundes Telles foi confidente de Hilda desde que a conheceu. Acompanhou até o fim os últimos dias de Caio em contato direto com a amiga:

---

55. *O Estado de São Paulo*, 9 de dezembro de 1995.
56. *Fico besta quando me entendem - entrevistas com Hilda Hilst*. Cristiano Diniz (org.). São Paulo: Biblioteca Azul, 2013.

Caio veio se despedir da Hilda depois da morte dele. Ela me contou isso. A Hilda tinha uns aparelhos de transcomunicação, que captavam vozes perdidas no ar. Um dia ela me falou: "Eu capto as vozes dos mortos." E ela ouviu o Caio, uma mensagem linda, que só podia mesmo ser dele. Quando a Hilda me recitou o texto, eu chorei histericamente.[57]

Depois de ler e reler essas cartas que acabo de dividir com vocês, visitei em 2013 a Casa do Sol e caminhei por aquelas trilhas suaves e ajardinadas; senti a vibração de Hilda e Caio iluminando o fim de mais um dia. O sol que se põe atrás da figueira centenária: a luz sempre linda, dourada. Dei duas voltas ao redor, fiz meu pedido. Era como se eles estivessem ali flanando pela relva, recostados nos sofás no interior fresco e sombrio das salas, abrindo um vinho e cortando cebolas na cozinha, descansando nas redes; as varandas banhadas de luz, janelas abertas, livros repousando nas estantes, o sussurrar da floresta e do papel sobre a mesa. Os infinitos cães. As fotos nas molduras, silêncios, palavras.

É muito gratificante dividir com vocês minha leitura apaixonada do encontro de Caio e Hilda na Casa do Sol. Depois de tudo o que já foi escrito dentro e sobre suas paredes rosadas: histórias de amor, amizade e arte, *thriller* com lances políticos, romances vividos nos livros, os cantos e corpos desse lugar mágico. Como Hilda sempre quis, e Caio também desejou que fosse.

Meninos eu vi. Tive o destino afortunado de ter cruzado com Caio F., ele e seus longos cabelos escorridos, caminhando descalço pelos corredores de uma antiga editora onde escrevemos poemas de amor em máquinas de escrever velhíssimas, às quais ele sempre dava um lindo nome de mulher. Os melhores anos da minha vida eu passei perto dele e de nossos amigos, esse bando de gente que vive de ler e

---

57. *Caderno de Literatura Brasileira: Hilda Hilst*. Instituto Moreira Salles, outubro de 1999, número 8.

escrever. É um privilégio poder agradecer à vida, essa companheira incansável, que me deu tanto e tem me permitido revelar ao mundo novas histórias de Caio F., amigo querido.

Eu continuo aqui, viva entre as páginas do seu *Morangos mofados*, onde, desde 1982, ele me guardou, para todo o sempre, amém.

Legendas das aberturas de capítulos

PÁGINA 6 – Caio tomava muito café: "Um café e um amor quentes, por favor", dizia. Foto: Claudio Etges.

PÁGINA 8 – "Em vez de suspirar, peguei um cigarro": Caio fumava sem parar. Foto: Claudio Etges.

PÁGINA 12 – A mesa de trabalho de Hilda Hilst, coberta de objetos que ela colecionava. Foto: Edu Simões/Acervo IMS.

PÁGINA 20 – "Era uma figueira mágica e a mesa com bancos lembravam um dólmen ancestral." Foto: Ricardo D'Angelo/Abril Comunicações S.A.

PÁGINA 38 – "Hilda era um misto de Greta Garbo com Rita Hayworth", dizia Lygia Fagundes Telles. Foto: Chico Albuquerque/Acervo IMS.

PÁGINA 50 – Caio viveu cerca de um ano em Londres, que chamava de "Babylon City". Foto: Marcos Santilli.

PÁGINA 60 – "Para mim, escrever é como um defeito de fabricação", definia Caio. Foto: Dulce Helfer.

PÁGINA 132 – Na Casa do Sol Hilda, cansada de ser bela, prendeu os cabelos e passou a usar batas, discreta. Foto: José Luís Mora Fuentes/Acervo Centro de Documentação Cultural "Alexandre Eulálio", Cedae (IEL/Unicamp).

PÁGINA 140 – Caio tinha paixão por anéis, mãos expressivas e um gestual muito particular. Foto: Bob Wolfenson.

Agradecimentos

Começo por agradecer ao poeta e amante de cinema Antonio Naud Júnior, que conheceu Caio na Casa do Sol de Hilda Hilst e foi depositário acidental das correspondências que esses dois trocaram durante anos, para finalmente, numa sincronia do destino, oferecê-las a mim. Uma oferta irrecusável que acabou se transformando neste livro. E quando finalmente de posse dessas cartas, verdadeiras joias, comentei o fato com Luciana Villas-Boas, diretora editorial da Record na ocasião, ela foi incisiva: vamos fazer um novo livro! Sem ambos, ele não teria nascido.

Obrigada à jornalista e atriz Ana Lúcia Vasconcelos, uma das primeiras amigas de Caio e Hilda que contatei para falar desses dois: foi ela que o levou até Casa do Sol e conviveu com a dupla durante o tempo em que ele viveu lá, compartilhando das alegrias e loucuras daquele lugar mágico, ao lado de pessoas incríveis como Lygia Fagundes Telles, a quem também confio meu carinho, por ter sido sempre tão generosa com a obra e a memória de Caio, a quem ela definiu como o "escritor da paixão".

A Daniel Fuentes e sua mãe Olga Bilenky, herdeiros de Hilda, agradeço a gentil hospitalidade com que me receberam no Instituto Hilda Hilst, a casa e o acervo de Hilda.

Ao professor e escritor Italo Moriconi, minha gratidão por ter feito uma leitura crítica e ter dado sua opinião muito bem-vinda sobre este trabalho; ele que foi amigo de Ana Cristina Cesar, a quem Caio tanto amou.

Meu carinho especial à editora Elisa Rosa e à sua fiel escudeira Luiza Miranda, incansáveis e atentas ao editar as palavras e ideias que ousei compor neste livro que homenageia dois grandes escritores.

Carinho infinito a Candé Salles, que dirigiu o filme baseado em meu primeiro livro, *Para sempre teu Caio F., cartas, conversas, memórias de Caio Fernando Abreu* (2009, Record) e me estimulou na confecção deste novo livro. Tomara que possamos fazer dele um novo e delicioso filme.

Ao professor Luís Augusto Fischer e à astróloga Amanda, por aceitarem meu convite de participar da mesa de debates e do lançamento do livro na Feira do Livro de Porto Alegre, e à Sandra La Porta, pela oportunidade.

E, finalmente, deixo registrado aqui o amor imenso à Laura, que numa sintonia fina, aquela das grandes emoções, se forma em Medicina exatamente no mês deste lançamento, indizível satisfação. Sem sua dedicação e companheirismo, minha filha, não teríamos chegado até aqui.

Referências bibliográficas

ABREU, Caio Fernando. *A maldição do Vale Negro*. Rio Grande do Sul: IEL/RS, 1988.
_____. *As frangas*. São Paulo: Globo, 1988.
_____. *Bien Loin de Marienbad*. Paris: Arcane 17, 1994.
_____. *Espelho Mágico: contos de contos infantis para adultos*. LADEIRA, Julieta de Godoy (Org.). Rio de Janeiro: Guanabara, 1985.
_____. *Estranhos estrangeiros*. São Paulo: Cia. das Letras, 1996.
_____. *Inventário do irremediável*. Porto Alegre: Movimento, 1970.
_____. *Inventário do ir-remediável*. Porto Alegre: Sulina, 1995.
_____. *Limite branco*. Rio de Janeiro: Expressão e Cultura, 1971.
_____. *Mel & girassóis*. Porto Alegre: Mercado Aberto, 1988.
_____. *Morangos mofados*. São Paulo: Brasiliense, 1982.
_____. *O ovo apunhalado*. Porto Alegre: Globo, 1975.
_____. *Onde andará Dulce Veiga?* São Paulo: Cia. das Letras, 1990.
_____. *Os dragões não conhecem o paraíso*. São Paulo: Cia. das Letras, 1988.
_____. *Ovelhas Negras*. Porto Alegre: Sulina, 1995.
_____. *Pedras de Calcutá*. São Paulo: Alfa-Omega, 1977.
_____. *Pequenas epifanias*. Porto Alegre: Sulina, 1996.
_____. *Teatro completo*. NUNES, Luis Artur (Org.). Porto Alegre: Sulina/IEL, 1997.
_____. *Triângulo das águas*. Rio de Janeiro: Nova Fronteira, 1983.
ALBUQUERQUE, Gabriel. *Deus, amor, morte e as atitudes líricas na poesia de Hilda Hilst*. Manaus: Valer, 2012.
ALVERGA, Alex Polari de. *Viagem ao Santo Daime: o livro das mirações*. Rio de Janeiro: Rocco, 1984.
AMORIM, Bernardo Nascimento de. O saber e o sentir: uma leitura de Do desejo, de Hilda Hilst. Dissertação de Mestrado em Estudos Literários. UFMG, 2004.
ARAÚJO, Rodrigo da Costa. A linguagem da narrativa de Caio Fernando Abreu na travessia para o século XXI. Ensaio apresentado no XIII Congresso da ASSEL-Rio "Linguagens para o terceiro milênio", realizado no Instituto de Letras da UFF. 25 de outubro de 2005.

AZEVEDO FILHO, Deneval Siqueira de. Holocausto das fadas: a trilogia obscena e o Carmelo bufólico de Hilda Hilst. Dissertação de Mestrado em Teoria Literária. Universidade Estadual de Campinas, 1996.

BADINTER, Elisabeth. *Um é o outro*. Rio de Janeiro: Nova Fronteira, 1986.

BARBOSA, Nelson Luiz. Infinitamente pessoal: a autoficção de Caio Fernando Abreu, o biógrafo da emoção. Tese de Doutorado. USP, 2009.

BARTHES, Roland. *Mitologias*. São Paulo: DIFEL, 1985.

_____. *Aula*. São Paulo: Cultrix, 1980.

_____. *Critique et verité*. Paris: Seuil, 1966.

BASTOS, Beatriz Cabral. Um corpo a corpo com a poesia: traduzindo Hilda Hilst e Adília Lopes. Dissertação de Mestrado em Letras. PUC-Rio, 2010.

BATAILLE, Georges. *O erotismo*. Porto Alegre: L&PM, 1987.

BESSA, Marcelo Secron. Histórias positivas, a literatura (des)construindo a AIDS. Dissertação de Mestrado. PUC, 1996.

BIONE, Carlos Eduardo. A Escrita Crônica de Hilda Hilst. Dissertação de Mestrado em Teoria Literária. UFPE, 2007.

BIVAR, Antonio. *Mundo adentro, vida afora, autobiografia do berço aos trinta*. Porto Alegre: LP&M, 2014.

BLUMBERG, Mechthild. "Hilda Hilst: paixão e perversão no texto feminino". In: *D.O. Leitura*. São Paulo: Imprensa Oficial do Estado, maio de 2003, ano 21, n° 5.

BORGES, Fernanda. "O estrangeiro em Bem longe de Mariembad, de Caio Fernando Abreu." In: XIII Semana de Letras. Porto Alegre, 2013.

BOSI, Alfredo. *História concisa da literatura brasileira*. São Paulo: Cultrix, 1982.

BRANCO, Lúcia Castello. *O que é erotismo*. São Paulo: Brasiliense, 1984.

BRANDÃO, Ignácio de Loyola. *Não verás país nenhum*. Rio de Janeiro: Codecri, 1982.

_____. *Zero*. São Paulo: Global, 2001.

_____. *Veia bailarina*, São Paulo: Global, 1997.

BUENO, André e GÓES, Fred. *O que é geração Beat?* São Paulo: Brasiliense, 1984.

CANDIDO, Antonio. *Os brasileiros e a literatura latino-americana*. São Paulo: Novos estudos Cebrap, 1981.

CAPRA, Fritjof. *O ponto de mutação: a ciência, a sociedade e a cultura emergente*. São Paulo: Cultrix, 1986.

CARNEIRO, Alan Silvio Ribeiro. Kadosh e o Sagrado de Hilda Hilst. Dissertação de Mestrado em Teoria e História da Literatura. Unicamp, 2009.

CARVALHO, Cláudio. Roberto Freire: uma paixão no labirinto, um estudo dos romances Cleo e Daniel e Coiote. Dissertação de mestrado. UFRJ, 1996.

_____. "A mulher no vão da escada: algumas reflexões sobre A obscena Senhora D.". In: *Desafiando o cânone: aspectos da literatura de autoria feminina na prosa e na poesia (anos 70/80)*. CUNHA, Helena Parente (Org.). Rio de Janeiro: Tempo Brasileiro, 1999.

CASTELLO, José. "Hilda Hilst: a maldição de Potlatch". In: *Inventário das sombras*. Rio de Janeiro: Record, 1999.

CASTILLA, Alícia. *Santo Daime: fanatismo e lavagem cerebral*. Rio de Janeiro: Imago, 1995.

CHAUÍ, Marilena de Souza. *Cultura e democracia: o discurso competente e outras falas*. São Paulo: Cortez, 1993, 6. ed.

_____. *Repressão sexual: essa nossa desconhecida*. São Paulo: Brasiliense, 1984.

CHIARA, Ana Cristina de Rezende. Leituras malvadas. Tese de Doutorado em Letras. PUC-Rio, 1996.

COELHO, Nelly Novaes. "A poesia obscura/luminosa de Hilda Hilst e a metamorfose de nossa época." In: HILST, Hilda. *Poesia (1959-1979)*. São Paulo: Edições Quíron/Instituto nacional do Livro, 1980.

_____. "A poesia obscura/luminosa de Hilda Hilst; A metamorfose de nossa época; Fluxo-floema e Qadós: a busca e a espera". In: *A literatura feminina no Brasil contemporâneo*. São Paulo: Siciliano, 1993.

_____. *Cadernos de Literatura Brasileira: Hilda Hilst*. Instituto Moreira Salles, nº 8, outubro de 1999.

_____. "Um diálogo com Hilda Hilst." In: *Feminino singular: a participação da mulher na literatura brasileira contemporânea*. São Paulo: GDR/Rio Claro, 1989.

_____. *Dicionário crítico de escritoras brasileiras*. São Paulo: Escrituras Editora, 2002.

COLI, Jorge. "À espera do reconhecimento na ingrata posteridade?". In: *Folha de S.Paulo*, São Paulo, 5 fev. 2004.

_____. "Lori Lamby resgata paraíso perdido da sexualidade." In: *Folha de S.Paulo*, São Paulo, 6 abr. 1991. Caderno X,

COUTINHO, Araripe. "Hilda Hilst. Delícias e fúria." In: *O Capital*. Ano 1, nº 0, julho de 1991, p. 8-9.

COUTINHO, Eduardo F. "Autorreflexão e busca de identidade na ficção brasileira contemporânea." In: *Perspectivas III: Ensaios de Teoria e Crítica*. Departamento de Ciência da Literatura (Org.). UFRJ, 1988.

CUNHA, Fausto. *Aproximações estéticas do onírico: estudos sobre a expressão poética*. Rio de Janeiro: Orfeu, 1967.

CUNHA, Helena Parente. *A mulher partida: a busca do verdadeiro rosto na miragem dos espelhos*. Rio de Janeiro: Tempo Brasileiro, 1984.

DALTO, Darlene. *Processo de criação*. São Paulo: Marco Zero, 1993.
DELFINI, Aline Tobal. Entre o sagrado e o profano: a poesia de Hilda Hilst em poemas malditos, gozosos e devotos. Dissertação de Mestrado em Letras. UFMS, 2009.
DINIZ, Cristiano (Org). *Fico besta quando me entendem: entrevistas com Hilda Hilst*. São Paulo: Globo, 2013.
DUARTE, Edson Costa e MACHADO, Clara Silveira. "A vida: uma aventura obscena de tão lúcida." In: HILST, Hilda. *Estar sendo. Ter sido*. São Paulo: Nankin Editorial, 1997.
_____. "A poesia amorosa de Hilda Hilst." In: HILST, Hilda. *Do amor*. São Paulo: Edith Arnhold/Massao Ohno, 1999.
ELIAS NETTO, Cecílio. "Gente: Hilda Hilst." *Correio Popular*, Campinas, 7 fev. 1993.
FARIA, Alexandre Graça. Uma literatura de subtração – experiência urbana na ficção contemporânea: Rubem Fonseca, Caio Fernando Abreu e Chico Buarque. Dissertação de Mestrado. PUC-Rio, 1998.
GRAIEB, Carlos. "Fase pornográfica é sucesso na França." In: HILST, Hilda. *Cantares do sem nome e de partidas*. São Paulo: Massao Ohno, 1995.
GRANDO, Cristiane. Amavisse de Hilda Hilst. Edição genética e crítica. Dissertação de Mestrado em Língua e Literatura Francesa. USP, 1998.
GUALBERTO, Ana Cláudia Félix. Processos de subjetivação na prosa ficcional de Hilda Hilst: uma escrita de nós. Tese de Doutorado em Literatura. UFSC, 2008.
_____. Contos D'escarnio/Textos Grotescos: Loucura e Relações de Gênero em Hilda Hilst. Dissertação de Mestrado em Letras. UFPB, 2003.
HILST, Hilda. *A obscena Senhora D*. São Paulo: Massao Ohno, 1982.
_____. *Cartas de um sedutor*. São Paulo: Paulicéia, 1991.
_____. *Com meus olhos de cão e outras novelas*. São Paulo: Brasiliense, 1986.
_____. *Contos descárnio/Textos grotescos*. São Paulo: Siciliano, 1990.
_____. *Estar sendo – ter sido*. São Paulo: Nankin, 1997.
_____. *Ficções*. São Paulo: Quíron, 1977.
_____. *O caderno rosa de Lori Lambi*. São Paulo: Massao Ohno, 1990.
_____. *Qadós*. São Paulo: Edart, 1973.
_____. *Rútilo nada*. São Paulo: Pontes, 1993.
_____. *Tu não te moves de ti*. São Paulo: Cultura, 1980.
_____. *Fluxo-Floema*. São Paulo: Perspectiva, 1970.
KRISTEVA, Julia. *Estrangeiros para nós mesmos*. Rio de Janeiro: Rocco, 1994.
LOPES, Annelys Rosa Oikawa. Entre Eros e o Senhor: sexo e religião em Qadós, de Hilda Hilst. Dissertação de Mestrado em Letras. UFPR, 1997.

MACHADO, Clara Silveira. A escritura delirante em Hilda Hilst. Tese de Doutorado em Comunicação e Semiótica. PUC-SP, 1993.

_____. e DUARTE, Edson Costa. A vida uma aventura obscena de tão lúcida. Disponível em: <http://www.angelfire.com./ri/casadosol/criticaecd.html>.

MAFRA, Inês da Silva. Paixões e máscaras: interpretação de três narrativas de Hilda Hilst. Dissertação de Mestrado em Literatura Brasileira. UFSC, 1993.

MELO, Amanda Barros de. (Des)construindo nossa movência: uma análise de Tu não te moves de ti, de Hilda Hilst. Dissertação de Mestrado em Letras. UFPB, 2010.

MORAES, Eliane Robert. Da medida estilhaçada. Cadernos de Literatura Brasileira. São Paulo: Instituto Moreira Salles, n. 8, 1999.

_____. A prosa degenerada: um livro obsceno e inclassificável de Hilda Hilst. *Folha de S.Paulo*: São Paulo, 2003.

MORAIS, Aline Pires de. Fiandeira de versos: o imaginário do tecer poético de Hilda Hilst. Dissertação de Mestrado em Letras. UFU, 2009.

MORICONI, Italo. *Ana Cristina César: o sangue de uma poeta*. Rio de Janeiro: Relume Dumará, 1996.

_____ (org.). *Cartas: Caio Fernando Abreu*. Rio de Janeiro: Aeroplano, 2002.

NASSAR, Raduan. *Lavoura arcaica*. São Paulo: Companhia das Letras, 1989.

_____. *Um copo de cólera*. São Paulo: Cia. das Letras, 1992.

PALLOTTINI, Renata. "Do teatro." In: HILST, Hilda. *Teatro reunido*. São Paulo: Nankin, 2000.

PÉCORA, Alcir (Org.). *Por que ler Hilda Hilst*. São Paulo: Globo, 2010.

_____. "A moral pornográfica." *Suplemento Literário de Minas Gerais*, Belo Horizonte, n. 70, p. 16-19, abr. 2001.

_____. "Nota do organizador." In: HILST, Hilda. *A obscena senhora D*. São Paulo: Globo, 2001.

_____. "Nota do organizador." In: HILST, Hilda. *Bufólicas*. São Paulo: Globo, 2002.

_____. "Nota do organizador." In: HILST, Hilda. *Cantares*. São Paulo: Globo, 2002. _____. "Nota do organizador." In: HILST, Hilda. *Cartas de um sedutor*. São Paulo: Globo, 2002.

_____. "Nota do organizador." In: HILST, Hilda. *Da morte. Odes mínimas*. São Paulo: Globo, 2003.

_____. "Nota do organizador." In: HILST, Hilda. *Exercícios*. São Paulo: Globo, 2002.

_____. "Nota do organizador." In: HILST, Hilda. *Júbilo, memória, noviciado da paixão*. São Paulo: Globo, 2001.

_____. "Nota do organizador." In: HILST, Hilda. *Kadosh*. São Paulo: Globo, 2002.

PELLEGRINO, Hélio. "Édipo e a paixão". In: CARDOSO, Sérgio [et al.]. *Os sentidos da paixão*. São Paulo: Cia. das Letras, 1987.

_____. Retrato de época. Rio de Janeiro: Funarte, 1981.

PEN, Marcelo. "Quem tem medo de Caio F.?" In: ABREU, Caio Fernando. *Estranhos estrangeiros*. Rio de Janeiro: Agir, 2006.

PEREIRA, Carlos Alberto Messeder. *O que é contracultura?* São Paulo: Brasiliense, 1982.

PERRONE-MOISÉS, Leyla. "Da cólera ao silêncio." In: *Cadernos de Literatura Brasileira: Raduan Nassar*. Instituto Moreira Salles, nº 2, setembro de 1996.

_____. *Fernando Pessoa: aquém do eu, além do outro*. São Paulo: Martins Fontes, 1982.

PESSOA, Fernando. *O Marinheiro: drama estático em um quadro*. Porto: Arte e Cultura, s/d.

_____. *Poesias de Álvaro de Campos*. Lisboa: Edições Ática, 1964.

PLATÃO. *A República*. Rio de Janeiro: Bertrand, 1996.

QUEIROZ, Vera. *Hilda Hilst: três leituras*. Florianópolis: Editora Mulheres, 2000.

REICH, Wilhelm. *A função do orgasmo: problemas econômico-sexuais da energia biológica*. São Paulo: Brasiliense, 1982.

_____. *A revolução sexual*. São Paulo: Círculo do Livro, 1987.

RIBEIRO, Leo Gilson. "Da ficção." In: *Cadernos de Literatura Brasileira: Hilda Hilst*. Instituto Moreira Salles, nº 8, outubro de 1999.

ROSENFELD, Anatol. "Hilda Hilst: poeta, narradora, dramaturga." In: HILST, Hilda. *Fluxo-Floema*. São Paulo: Perspectiva, 1970.

_____. "O teatro brasileiro atual." In: *Prismas do teatro*. São Paulo: Perspectiva, 1993.

RUSCHEL, Rita. "Hilda Hilst." In: *Meus tesouros da juventude*. São Paulo: Summus, 1983.

SANTIAGO, Silviano. "Prosa literária atual no Brasil e Poder e alegria". In: *Nas malhas da letra*. São Paulo: Cia. das Letras, 1986.

_____. *Uma literatura nos trópicos: ensaios sobre dependência cultural*. São Paulo: Perspectiva, 1978.

SANTOS, Marcos Lemos Ferreira dos. Orfeu emparedado: Hilda Hilst e a perversão dos gêneros. Dissertação de Mestrado em Teoria Literária e Literatura Comparada. USP, 2011.

SANTOS, Wellington de A. "Hilda Hilst e a consciência da pornografia." In: VI Seminário Nacional Mulher e Literatura. UFRJ, 1995.

SENA, Jorge de. "Palavras de Jorge de Sena: a propósito de Trovas de muito amor para um amado senhor." In: HILST, Hilda. *Poesia (1959-1979)*. São Paulo: Edições Quíron/Instituto Nacional do Livro, 1980.

SEPÚLVIDA, Lenirce. A escrita do corpo: a citacionalidade em Caio Fernando Abreu, Tese de Doutorado em Letras. UFF, 2001.

_____. Fronteiras rasuradas: uma viagem com Caio Fernando Abreu. Dissertação de Mestrado. UFF, 1996.

SOARES, Angélica. *A paixão emancipatória: vozes femininas da liberação do erotismo na poesia brasileira.* Rio de Janeiro: Difel, 1999.

SODRÉ, Nelson Werneck. *O naturalismo no Brasil.* Rio de Janeiro: Civilização Brasileira, 1965.

SONTAG, Susan. "A imaginação pornográfica". In: *A vontade radical.* São Paulo: Cia. das Letras, 1987.

_____. *A doença como metáfora.* São Paulo: Cia. das Letras, 1984.

_____. *Assim vivemos agora.* São Paulo: Cia. das Letras, 1995.

SOUZA, Enivalda Nunes F. (Org.). *Roteiro poético de Hilda Hilst: a escrita.* Uberlândia: EDUFU, 2009.

SOUZA, Ronaldes de Melo. A poética dionisíaca de Clarice Lispector. *Revista Tempo Brasileiro*, 1997.

TEIXEIRA, Leonardo Jacintho. Caio Ching Fernando Abreu: uma leitura de mutação e palimpsesto em Ovelhas Negras. Dissertação de Mestrado. PUC-Rio, 1998.

TREVISAN, João Silvério. *Devassos no paraíso: a homossexualidade no Brasil, da colônia à atualidade.* Rio de Janeiro: Record, 2000.

VAZ, Ana Silvéria. Hilda Hilst e Bufólicas: dessacralização de discursos. Dissertação de Mestrado em Linguística. UFU, 2005.

VENTURA, Zuenir. *1968: o ano que não terminou.* Rio de Janeiro: Nova Fronteira, 1988.

_____. Uma autobiografia precoce. *Jornal do Brasil.* Rio de Janeiro. 28 de março de 1987.

VINCENZO, Elza Cunha de. *O teatro de Hilda Hilst.* São Paulo: Perspectiva, 1992.

YONAMINE, Marco Antônio. Arabesco das pulsões: as configurações da sexualidade em A obscena senhora D, de Hilda Hilst. Tese de Mestrado. USP, 1991.

Sites visitados:
www.hildahilst.com.br/
www.releituras.com/hildahilst
www.retirodaspedras.com.br
www.angelfire.com./ri/casadosol /criticaecd.html
www.revistacult.uol.com.br

Este livro foi composto na tipologia Swift, em corpo 10,
e impresso em papel off-white na Stamppa.